LA SANTA INQUISICIÓN Y SUS CRÍMENES

Descubre los Actos más Crueles Ocurridos en uno de las Etapas más Oscuras de la Historia

ESMOND NOBLE

© Copyright 2021 – Esmond Noble - Todos los derechos reservados.

Este documento está orientado a proporcionar información exacta y confiable con respecto al tema tratado. La publicación se vende con la idea de que el editor no tiene la obligación de prestar servicios oficialmente autorizados o de otro modo calificados. Si es necesario un consejo legal o profesional, se debe consultar con un individuo practicado en la profesión.

- Tomado de una Declaración de Principios que fue aceptada y aprobada por unanimidad por un Comité del Colegio de Abogados de Estados Unidos y un Comité de Editores y Asociaciones.

De ninguna manera es legal reproducir, duplicar o transmitir cualquier parte de este documento en forma electrónica o impresa.

La grabación de esta publicación está estrictamente prohibida y no se permite el almacenamiento de este documento a menos que cuente con el permiso por escrito del editor. Todos los derechos reservados.

La información provista en este documento es considerada veraz y coherente, en el sentido de que cualquier responsabilidad, en términos de falta de atención o de otro tipo, por el uso o abuso de cualquier política, proceso o dirección contenida en el mismo, es responsabilidad absoluta y exclusiva del lector receptor. Bajo ninguna circunstancia se responsabilizará legalmente al editor por cualquier reparación, daño o pérdida monetaria como consecuencia de la información contenida en este documento, ya sea directa o indirectamente.

Los autores respectivos poseen todos los derechos de autor que no pertenecen al editor.

La información contenida en este documento se ofrece únicamente con fines informativos, y es universal como tal. La presentación de la información se realiza sin contrato y sin ningún tipo de garantía endosada.

El uso de marcas comerciales en este documento carece de consentimiento, y la publicación de la marca comercial no tiene ni el permiso ni el respaldo del propietario de la misma.

Todas las marcas comerciales dentro de este libro se usan solo para fines de aclaración y pertenecen a sus propietarios, quienes no están relacionados con este documento.

Índice

Introducción	vii
1. Caracterizando la Inquisición	1
2. Las raíces de la Inquisición	11
3. La Inquisición crece por Europa y se fortalece	19
4. La supresión de la herejía durante los primeros doce siglos	37
5. Las verdaderas premisas de la Inquisición	47
6. La Inquisición de la Edad Media	59
7. La Inquisición en España	91
8. Los infames métodos de tortura	101
9. El protestantismo, el mayor enemigo	109
10. La Inquisición en México	131
11. El ocaso de la Inquisición en Europa	157
Conclusión: La Inquisición en la actualidad	167

Introducción

La Inquisición fue una de las instituciones más poderosas y polémicas utilizadas por la Iglesia Católica Romana para eliminar la herejía y proteger la unidad de la cristiandad. Aunque los tribunales operaban en Bohemia, Francia e Italia en la época medieval, es la Inquisición española, establecida por primera vez en el reino de Castilla en 1478 bajo la reina Isabel I y suprimida 356 años después, en 1834 con la reina Isabel II, que ha dejado su huella en toda la historia de la civilización occidental.

Aunque comparte muchos rasgos del tribunal aragonés, creado para hacer frente a la amenaza del catarismo de los territorios franceses en el siglo XIII, la Inquisición española era diferente en un aspecto fundamental: era responsable ante la Corona ante que al Papa, y se utilizó para consolidar los intereses del Estado. Pronto adquirió la reputación de ser un instrumento bárbaro y represivo de intolerancia racial y religiosa que empleaba regularmente la tortura y la pena de muerte como castigo y que restringió severamente el desarrollo intelectual de España durante generaciones.

El rigor de la Inquisición dio lugar a la llamada "Leyenda Negra", una imagen de España como una nación de fanáticos, una imagen popularizada por sus enemigos extranjeros (principalmente protestantes) a mediados del siglo XVI, y que sobrevivió mucho después de la extinción definitiva del tribunal.

Dada la controversia que rodea su existencia y reputación, la Inquisición española ha generado un enorme volumen de literatura histórica. A lo largo de los siglos, esto se ha ido configurando por una serie de factores.

Entre ellos están los puntos de vista políticos, sociales e ideológicos de los eruditos, su acceso e interpretación de las fuentes relevantes y el clima de la época en la que se escribieron. Más allá de ser un simple fenómeno histórico, la Inquisición se ha convertido en un fenómeno historiográfico, forjando "escuelas" y "generaciones".

Tradicionalmente, los historiadores han analizado la institución desde una variedad de perspectivas. Los enfoques que predominan son: su persecución de las minorías de minorías en nombre de la ortodoxia; su papel político

Introducción

como herramienta del Estado autoritario; la cantidad de corrupción y los prejuicios en los que se basan sus actividades; el apoyo y la oposición que generó en la sociedad; y la medida en que contribuyó al declive político, cultural y económico de España.

En cuanto a su reputación general, los observadores han tendido a dividirse en sus juicios. Para algunos escritores liberales, la Inquisición era la expresión de todo lo "malo" del régimen autocrático que gobernó España durante generaciones, mientras que, para otros, más conservadores, representaba todo lo que era "bueno".

Desde mediados de la década de 1970, una nueva escuela de historiadores ha examinado este fenómeno social e histórico desde un punto de vista más objetivo y multidisciplinar, que ha puesto en tela de juicio las conclusiones de los historiadores tradicionales.

Por ejemplo, ahora se reconoce que la Inquisición española era una fuerza de control ideológico mucho menos represivo de lo que se creía hasta ahora, y que la tortura y la pena de muerte se aplicaron en contadas ocasiones, casi exclusivamente durante las dos primeras décadas de su existencia.

En comparación, otros países europeos, como Inglaterra, Francia y Alemania, continuaron quemando herejes hasta bien entrado el siglo XVII. Además, la Inquisición espa-

Introducción

ñola no se dedicó únicamente a perseguir a las minorías religiosas. Una parte importante de su trabajo consistía en interactuar con los españoles de a pie en el contexto local, corrigiendo aspectos de su comportamiento y sus creencias. El Santo Oficio tampoco era una institución tan poderosa como se preveía. En la práctica tuvo que acomodarse a la jurisdicción de otros órganos de gobierno, así como a la de la Iglesia y la Corona. A menudo se enfrentaba a conflictos de autoridad dentro de sus competencias.

En fin, esta y otras cosas se analizan en este libro, que viaja a lo largo de unos quinientos años de historia para comprender una de las instituciones más polémicas en la historia de la humanidad.

1

Caracterizando la Inquisición

Hay palabras que evocan momentos y campos semánticos que atribuyen a un orden y un momento de la historia. La Inquisición, por desgracia, está integrada y asociada al mal en diversas connotaciones.

La desbandada de palabras llega hasta estos días con toda la carga de significados: herejía, tortura, brujería, hoguera, muerte. En el universo de horror de este periodo, la heterodoxia es una de las principales premisas y contra la que se inicia uno de los capítulos más espeluznantes de la historia.

Todo parte del año 313 d. C., en el corazón del imperio romano.

Tras la conversión del emperador Constantino al cristianismo mediante el Edicto de Milán, ahora esta será la única fe legal, luego de siglos de persecución. Hay que destacar que en los últimos años del imperio de Diocleciano (244-311), la persecución hacia los cristianos se dio con más ferocidad.

A partir de esta declaración de Constantino, los judíos y los heterodoxos del cristianismo que se negaban a la conversión al cristianismo oficial serán perseguidos.

El cristianismo latino-europeo simbolizaba no solo la fuerza civilizadora del mundo bárbaro, sino también una promesa salvadora después de la muerte. El clero y los ciudadanos vivían temerosos del juicio de Dios; sin embargo, había disidentes que se atrevían a desafiar la sagrada doctrina cristiana. La Iglesia tachó a estos rebeldes de pecadores, heterodoxos o paganos.

La palabra herejía proviene del provenzal eretge, que quiere decir elección. Y la Real Academia la define como "persona que niega alguno de los dogmas establecidos por una religión".

En cuanto a heterodoxo, según la misma RAE lo define como "disconforme con el dogma de una religión", pero cuando transcurrieron los siglos adquirieron más significados. Es decir, no es lo mismo un hereje o heterodoxo del siglo XII a uno del siglo XVI, aunque la esencia de la definición fuera la misma.

Alrededor del siglo XII, la palabra cobra un sentido más amenazante, se convierte en un peligro mortal para la sociedad y la Iglesia, y para el hombre en una traición a Dios. A pesar de la posición férrea del clero y al considerar esto como un delito, los grupos de pensamiento libre empezaron a surgir e insistían en interpretar a Dios a su manera. Así, la Iglesia contemplaba esto como una amenaza a la comunidad cristiana, que podía perturbar a la gente y enajenarla de la fe, llevarlas por lados incluso prohibidos, por eso era tan importante combatirla.

Aquí entra también el paganismo, que era una forma de buscar respuestas en otras partes que no eran las oficiales, por lo que incluso ya en lugares más recónditos se practicaban rituales complejos y diferentes a los que proponía la Iglesia.

Ante esto se generaron diversas corrientes herejes y heterodoxas que no cayeron bien entre los santos padres. De manera que mediante acoso y persecuciones extendieron toda su autoridad eclesiástica convertida en terror y brutal condena, y para desplegar toda su maquinaria de miedo empezaron con la destrucción de templos paganos y el asesinato de sus cleros. Una historia que empezaba a escribirse con tinta de sangre.

Si existe el bien, existe el mal

Dentro de ese grupo están los que seguían la corriente del maniqueísmo. Este término proviene de esta época. Manes (n. 216), oriundo de Mesopotamia, hasta el 277 desplegó sus creencias que se basaban en la religión de la luz. Él señalaba que Buda, Zoroastro y Jesús habían dejado sus enseñanzas incompletas. El maniqueo no era otra forma que el dualismo absoluto, con esa idea de que si existe el bien también existe el mal, si hay un Dios también hay un demonio, la luz y las tinieblas, el hombre bueno y el hombre malo, aunque asociado más en esta etapa con lo demoniaco.

Los "desviados" de la divinidad

Los arrianos siguieron las tesis del sacerdote Arrio (C. 250-335 d. C.), quien vivió en Alejandría, Egipto, y que no tenía una consigna más "desviada" que negar la divinidad de Cristo. Para esta doctrina, el hijo de Dios no existió siempre, sino que fue creado por Dios Padre; es decir, tenía sus atributos, pero no era Dios en sí mismo. El Primer Concilio de Nicea del 325 consideró que las doctrinas arrianas eran heréticas y el Primer Sínodo de Tiro, en el 335, exoneró a Arrio. Sin embargo, tras su muerte fue anatemizado de nuevo en el Primer Concilio de Constantinopla del 381. Esto les costó a los arrianos que fueran desplazados o desaparecidos del Imperio romano. Los emperadores romanos Constancio 11 (337-361) y Valente (364-378) estuvieron cerca de la doctrina arriana.

La renuncia a la riqueza, un pecado

Con el cambio de milenio se acentúa la herejía debido a diversas circunstancias, una de ellas es que la Iglesia se alejaba cada vez más del pueblo.

Con la caída del Imperio romano, las autoridades eclesiásticas adquieren cada vez más el poder civil. El modelo feudal se impone en Europa ante la caída del Imperio carolingio. Los poderosos relegaban al pueblo, que no encontraba respuestas en la religión. Su situación era precaria. En esos años, entre las características de los herejes medievales se encuentran el rechazo al mundo material, que consideraban como obra del demonio, y la crítica a la Iglesia por sus ostentaciones en la riqueza y por intervenir en asuntos mundanos.

Otras particularidades más radicales eran el desprecio a lugares de culto, a los santos, al símbolo de la cruz e incluso a poner en tela de duda la naturaleza de Jesucristo.

Otro grupo de esta corriente fue el movimiento valdense, que se inscribe así debido a Pedro Valdo, un comerciante que renunció a su buena posición para predicar las sagradas escrituras, premisa de esta corriente en la que los cristianos con conocimiento lo podían hacer siempre y cuando renunciaran a los bienes materiales, lo que también sugerían hacer a los santos padres de la Iglesia de Roma.

Valdo empezó a predicar en 1173 en Lyon y fue excomulgado por el papa Lucio III en el Concilio de Verona en 1184. Su escuela hizo eco en Austria, Bohemia, Polonia, Alemania, Suiza, Francia, la península ibérica y toda Italia, y fue perseguida hasta siglos más adelante. Desde luego, sus postulados aludían a una serie de actos que marcaban diferencias sustanciales del clero oficial: solo Jesús intercedía para que el hombre llegara a Dios, para dejar fuera a la Iglesia, quien no debía involucrarse en el actuar del hombre, mucho menos mediante el uso de las armas. Rechazaban las iglesias e indicaban que para adorar a Dios lo podían hacer desde cualquier lugar. Valdo murió en 1217 y dejó innumerables partidarios.

Se autoflagelaban para salvar al mundo

Si de sectas radicales y heréticas se trata, los flagelantes tenían como característica el castigarse a sí mismos con caras cubiertas y latigazos en la espalda, pues caminaban con el torso desnudo para expiarse de los pecados terrenos como una preparación para el Juicio Final.

Al partir de la plaza principal, los maestros flagelaban a los demás integrantes de la procesión y aludían que esa sangre se unía a la de Cristo para salvar al mundo de la catástrofe. Esta secta tuvo gran presencia durante los siglos XIII y XIV, en específico durante la peste negra, pues lo veían todo como una preparación para los últimos días y la llegada del Anticristo.

Cruzada contra los cátaros

. . .

Los cátaros fue uno de los grupos más importantes, pues se extendió alrededor del siglo XIII por el sur de Francia hasta la costa catalano-valenciana y desde Toscana hasta Colonia. Una de las características de este grupo era que permitía a la mujer ocupar puestos religiosos de relevancia.

Con hombres buenos y mujeres buenas, lo cierto es que ya era una organización muy sólida y estructurada con sus propios sacramentos y procesos que incluían bautismo como penitencia, ordenación y la extremaunción a través de imposición de manos y con el Nuevo Testamento en la cabeza; vida de noviciado, trabajo comunitario y llegar hasta la división de rangos.

La renuncia de bienes materiales y la vestidura modesta son otras características, y desde luego las que confieren a la doctrina propiamente cátara: respuestas a los cuestionamientos de la humanidad, el bien y el mal en coexistencia; del mal surge el mundo material, así que su misión era dar a conocer en el hombre los conceptos de origen y destino.

En medio de la disputa de señores feudales, entre el condado de Tolosa y el vizcondado de Trencavel, y la Iglesia, los feudos permitieron como reprimenda al clero la difusión cátara. No obstante, hasta el 1167 se tiene una fortalecida iglesia cátara en Saint-Félix de Caraman, bajo el concilio de la iglesia bogomilia, a cargo del pope Nikétas. Hay que señalar que cátaro está asociado a ciertos significados con referencias a albigenses por la ciudad de Albi, en Tarn, Francia, y con enseñanza solo de clero cátaro; a bougres por Borgoña o pifles, sinónimo de hereje en Flandes.

Así que ante la marcada expansión cátara tendrá una respuesta elocuente de la Iglesia: la Cruzada albigenses.

Esta guerra santa fue llamada así en honor a la catedral francesa de Albi. Lucio III fracasó para erradicar a los cátaros, pero no Inocencio III, que al llegar al papado en 1198 envió primero a Raniero de Ponza y Juan de Saint-Prisque en 1199, pero no llegaron a un acuerdo en el dominio cátaro de Languedoc. Con Domingo de Acebes y Domingo de Guzmán se logró cierto éxito en la misión, pero se complicó con el asesinato de Pedro de Castelnau cometido por los acompañantes del conde Raimundo VI de Tolosa, de los opositores al papa en Languedoc. Así inicia en 1208 la cruzada promovida por Inocencio III tras mandar una carta al rey de Francia, Felipe Augusto, y a los caballeros franceses para una lucha militar que acabe con ese dominio. Al mando de esta cruzada estuvo Simón de Monfort.

. . .

Las atrocidades de los cruzados se convirtieron en legendarias masacres. Los cátaros, que eran identificados por llevar atuendos negros, eran asesinados en el acto, no se escondían, pues consideraban que la muerte los liberaba de este mundo material; pero luego de muchos años, ante el peligro cambiaron de atuendo y se camuflaron gradualmente, y viajaban, pese al celibato, acompañados de mujeres. Los cátaros serán de los más radicales y difíciles de exterminar.

Y en la historia tendrán gran influencia ante su enemigo más próximo: la Iglesia. Esto sembraba la semilla de algo más escalofriante y que se arraigaría en otras partes de Europa.

2

Las raíces de la Inquisición

Cuando los medievales usaban la palabra "inquisición", se referían a una técnica judicial, no a una organización. De hecho, no existía "la Inquisición" en el sentido de una organización impersonal con una cadena de mando. En su lugar había "inquisidores de la depravación herética", individuos asignados por el Papa para investigar la herejía en áreas específicas. Se les llamaba así porque aplicaban una técnica judicial conocida como inquisitio, que podría ser traducido como "investigación" o "indagación". En este proceso, que ya era ampliamente utilizado por los gobernantes seculares (Enrique II lo utilizó con frecuencia en Inglaterra en el siglo XII), un investigador oficial pedía información sobre un tema específico a cualquier persona que creyera tener algo que ofrecer.

. . .

Esta información se consideraba confidencial. El investigador, con la ayuda de asesores competentes, sopesaba las pruebas y determinaba si había motivos para actuar. Este procedimiento contrasta con la práctica del derecho romano normalmente utilizada en los tribunales eclesiásticos, en la que a menos que el juez pudiera proceder con un conocimiento claro y personal de que el acusado era culpable, el proceso judicial tenía que basarse en la acusación de un tercero que era punible si la acusación no se probaba, y en el que el acusado podía enfrentarse a los testigos.

A finales del siglo XIII, la mayoría de las zonas de la Europa continental tenían asignados inquisidores. La inmensa mayoría eran franciscanos o dominicos, ya que los miembros de estas dos órdenes se consideraban piadosos, educados y con gran movilidad. Los inquisidores trabajaban en cooperación con los obispos locales. A menudo se dictaban sentencias en nombre de ambos. La inmensa mayoría de las sentencias parecen consistir en penitencias como llevar una cruz cosida en la ropa, peregrinación, etc. El objetivo del inquisidor no era principalmente castigar a los culpables, sino de identificarlos, hacerlos confesar sus pecados y arrepentirse, y devolverlos al redil.

. . .

Sólo un diez por ciento, o menos, de los casos desembocaban en la ejecución, un castigo normalmente reservado a los herejes obstinados (los que se negaban a arrepentirse y a reconciliarse en un momento dado, pero luego volvían a caer en el error).

Los nuevos inquisidores necesitaban orientación, y la necesidad fue satisfecha por una serie de manuales escritos en la segunda mitad del siglo XIII y principios del XIV, escritos por veteranos. El más famoso de ellos es el de Bernard Gui, un dominico que pasó cerca de un cuarto de siglo realizando investigaciones.

Nacido hacia 1261, probablemente de la nobleza menor, Gui ingresó en la orden en 1279. Recibió una buena educación y sirvió como prior en una serie de conventos del sur de Francia antes de ser nombrado inquisidor en 1307. En su condición de inquisidor, con base en Toulouse, permaneció hasta 1324, año en que fue recompensado con un obispado. Durante ese periodo, sentenció a 930 personas, hasta donde se sabe. Las sentencias dictadas contra ellos suman un total de 394 páginas en un libro muy extenso.

El manual de Gui, titulado en realidad "La conducción de la investigación de la depravación herética", fue terminado en 1323 o 1324, pero parece haber trabajado en él de forma intermitente a lo largo de la última parte de su carrera. Está dividido en cinco partes; las tres primeras tratan del procedimiento. La cuarta presenta una serie de documentos (bulas, etc.) que definen la autoridad del inquisidor. En la quinta parte, la más interesante, Gui lleva a sus lectores a un recorrido de la herejía contemporánea de aquél entonces.

La parte señalada aquí trata de las beguinas. Para entender quiénes eran es necesario comprender dos aspectos importantes de la historia del siglo XIII. Por un lado, este período fue testigo de la creación y el enorme crecimiento de la Orden Franciscana, y una notable división en esa orden entre los llamados espirituales, que insistían en observar la pobreza estricta practicada por el propio Francisco de Asís, y lo que hoy llamamos la comunidad, aquellos se conformaban con una observancia más moderada que permitía a los franciscanos desempeñar las numerosas funciones que la Iglesia les encomendaba. Esta disputa era en cierto modo tan antigua como la propia orden, pero sólo en la década de 1270 aparecen dos facciones identificables.

A finales de esa década, algunos espirituales italianos fueron encarcelados por los líderes de la orden. En 1283 la batalla se cobró su primera víctima en el sur de Francia, cuando Pedro Juan Olivi, uno de los principales portavoces de los espirituales fue censurado; pero, a finales de la década, los espirituales italianos habían sido liberados de la cárcel y Olivi se había rehabilitado.

En la primera década del siglo XIV se produjeron graves problemas, con un gran número de espirituales italianos y del sur de Francia disciplinados por la orden.

En 1312, el Papa Clemente V trató de mediar en un compromiso, pero la batalla pronto se calentó de nuevo, y los frustrados espirituales trataron de resolver su problema tomando por la fuerza una serie de conventos y manteniéndolo como su propio territorio.

En 1317, el nuevo Papa, Juan XXII, decidió resolver el problema apoyando totalmente a la comunidad. Les dijo a los espirítanos que se conformaran o que se atuvieran a las consecuencias. Cuando algunos se negaron, los identificó como herejes y soltó la inquisición. En 1318, los espirituales recalcitrantes fueron enviados a la hoguera.

La tarea de Juan se vio dificultada por el hecho de que los espirituales habían establecido estrechos lazos con lo que hoy llamamos los beguinos, que son los que se dedican a la agricultura, un grupo de sacerdotes y laicos piadosos en muchas ciudades del sur de Francia, y eso nos lleva al segundo aspecto de la historia del siglo XIII. Fue un período de tremendo entusiasmo religioso entre los laicos, a menudo acompañado por la creencia de que una nueva era estaba amaneciendo.

Los movimientos religiosos parecían cada vez más auto-impulsados, moviéndose sin que la jerarquía eclesiástica los alentara o controlara.

Uno de ellos era un grupo en el sur de Francia, llamado beguinos. Esto era bastante aterrador para la iglesia. A medida que el papado se hizo sensible a la amenaza que implicaba esta situación, subió la apuesta identificando la desobediencia con la herejía y alentando remedios drásticos contra ella.

Como resultado, un número de personas que hasta entonces se consideraban hijos leales del Santo Padre se vieron obligados a elegir entre sus propios ideales y la obediencia a Roma.

El ataque del Papa a los espirituales franciscanos presentó a los beguinos un dilema de este tipo, y muchos lo resolvieron continuando con el apoyo a los espirituales. Estos beguinos eran a menudo miembros de la Tercera Orden de San Francisco y veneraban especialmente a los pobres y disciplinados espirituales.

Veneraban a Olivi como un santo, y cada año, en el aniversario de su muerte, multitudes de peregrinos acudían a su tumba en Narbona. Cuando los espirituales fueron condenados, a los beguinos les resultó imposible aceptar esa decisión. En 1319, ellos mismos fueron perseguidos y quemados, pero en una notable demostración de lo que podría llamarse fanatismo o heroísmo continuaron albergando Espirituales fugitivos e incluso organizaron un ferrocarril subterráneo que los transportaba de contrabando a través de Mallorca hasta Sicilia. Finalmente, los beguinos del sur de Francia fueron sometidos, pero la iglesia tardó dos décadas en hacerlo.

¿Qué les dio el valor para continuar? Si pudiéramos responder a esta pregunta, también seríamos capaces de explicar la tenacidad de los grupos modernos como los Branch Davidians. Hay algunas cosas que podemos decir, sin embargo. Por un lado, Olivi les había proporcionado un conjunto de expectativas apocalípticas que tenían un perfecto sentido de lo que les estaba sucediendo. Él había visto a San Francisco como el inaugurador de una nueva era más espiritual. Esta nueva era se oponía a los cristianos carnales, y estos últimos se apoderarían de las más altas posiciones de liderazgo en la iglesia. Pronto - muy pronto - el místico Anticristo lideraría la jerarquía eclesiástica en un intento desesperado por eliminar a esos pobres cristianos espirituales que sirvieron como la guardia avanzada de la nueva dispensación. El resultado sería persecución, pero podría ser soportado en el conocimiento de que eventualmente la iglesia carnal sería derrotada y nacería una nueva iglesia espiritual. Así, como una célula asediada de los marxistas de principios del siglo XX, los beguinos podían soportar su sufrimiento con la seguridad de que la historia estaba de su lado.

3

La Inquisición crece por Europa y se fortalece

Desde mediados del siglo XI, la Iglesia aceptaba que los focos de heterodoxia se habían extendido por toda Europa Occidental. Inocencio III consideró el sistema judicial del momento para sus fines. El sistema acusatorio forzaba a la parte injuriada a realizar una acusación pública. Si la parte acusadora no conseguía aprobar su caso, entonces esta era castigada del mismo modo en que habrían castigado al acusado.

Este proceso provocaba que quienes tuvieran una queja real se mostraran reacios a presentar una acusación. El pontífice notó que esas reglas no funcionarían para su objetivo a largo plazo.

. . .

Ya desde el Concilio de Verona de 1184, bajo el papado de Lucio III, se había creado la Inquisición episcopal, que se puede considerar que sentó las bases de lo que posteriormente sería la Inquisición, pero es hasta el año 1215 cuando Inocencio III convocó a los líderes cristianos en el IV Concilio de Letrán, celebrado en Roma. Ahí anunció las nuevas normas para la persecución de herejes, que era el mismo contenido del decreto de 1184, pero con redacción distinta. Así nace la Santa Inquisición.

El sistema de la Inquisición de Inocencio III daba la oportunidad al investigador de construir un caso completo, con la licencia de recoger a discreción, casi en secreto, las opiniones de la gente de la comunidad.

En 1231, el papa Gregorio IX inició una convocatoria pública para nombrar a nuevos agentes. Así, los inquisidores de dicha depravación ya empezaban a operar, le daban rasgos a lo que a la larga sería la llamada Inquisición medieval.

El papa Inocencio III ya había fracasado en su intento de erradicar a los cátaros en el sur de Francia.
    Pero en 1231, su sucesor, Gregorio IX, tramó un plan para desplegar toda la maquinaria legal de la Inquisición sobre ellos. El Papa nombró a muchos sacerdotes y frailes

inquisidores con una encomienda: acabar con los que ellos consideraban criminales religiosos.

Desde luego, esta disputa contra los cátaros ocasionó miles de muertos hasta que, en 1229, Raimundo VII con miembros reales firmó el Tratado de Meaux-París, en Notre Dame, que reconocía a Luis IX como señor y a la Iglesia de Roma como la única.

No obstante, aún quedaban grupos de cátaros que no renunciaban a sus doctrinas, en especial en lugares montañosos de los Pirineos y durante 20 años opusieron resistencia, a destacar las fortalezas de Montségur y Quéribus, la primera tomada en 1244, donde quemaron a 200 cátaros aferrados a su religión, y en 1255 la segunda. La Iglesia persiguió a los últimos cátaros hasta el año 1329.

Las primeras tierras a donde llegaron los inquisidores fueron las germanas y francesas, donde había una gran cantidad de herejes que se rehusaban a seguir con sus prácticas y que seguían predicando. Muchos de ellos fueron llevados a la hoguera. Gregorio se dio cuenta de que encontrar a un buen inquisidor no era una tarea sencilla. Los más entusiastas eran fanáticos fuera de control, criminales o sádicos que no partían de un esquema delimitado. Entre los inquisidores célebres de esta época se encuentra Conrad de Marbur, quien con mucho arrojo convenció al Papa de que había descubierto una secta alemana llamada "Los Luciferinos".

Con la aprobación del papa, Conrad formó a un grupo de linchamiento para arrestar a estos supuestos apóstatas y les ofrecía dos opciones: retractarse o morir quemados. Sin embargo, de acuerdo a datos históricos de años después se descubriría que "Los Luciferinos jamás existieron, que eran solo una invención obsesiva que Conrad creó para impresionar a las autoridades de la Iglesia. Los extremistas religiosos se movían en esa sintonía desbordada de maldad. Muchos de los que aplicaban estas leyes eran peligrosos e incompetentes.

Así, Gregorio IX volteó su vista a los dominicos y franciscanos.

La orden dominica estaba capacitada para hacer trabajos de inquisidores, educados como teólogos, estaban acostumbrados a que la única forma de combatir la heterodoxia era predicar con el ejemplo. La primera provenía de Domingo de Guzmán, quien a principios del siglo XIII ganó adeptos con esa forma de llevar la palabra divina y formó su Orden de Predicadores, los dominicos.

En 1216, esta organización fue aprobada en la bula **Religiosam Vitam de Honorio Ill en 1216.**

La segunda corresponde a la Orden de los Frailes Menores, que fu aprobada por Inocencio III en 1209, en honor a Francisco de Asís, quien renunció a los bienes materiales para servir a Dios con votos de pobreza, castidad y obediencia.

Eran mediados del siglo XII cuando Gregorio IX ordenó a los inquisidores, en especial a cuatro docenas de dominicos, que apresaran a cátaros, valdenses y a cuanto grupo de herejes se encontraran en su camino.

El pontífice anunciaba así de manera oficial la llegada de los inquisidores a diversas partes de Europa como Francia, Italia, Alemania y España. Hay una carta alusiva donde el Papa les da todo su apoyo y les pedía más que hospitalidad, llevar a cabo cierta labor "detectivesca" con información interna, por ejemplo, el poner atención a rumores, habladurías, entre una red informal de clérigos informadores que ya hacían trabajo de espías.

Sus mejores ojos y oídos estaban en el clero parroquial, puesto que desde ahí podían enterarse de lo que pasaba entre la gente y sus prácticas. Y si había familiares dentro de esa red de comunicación les facilitaba más el procedimiento.

Los primeros tiempos

Hay pocos datos de los primeros tiempos de la Inquisición, pero si se toma en cuenta el tribunal que se registra de Jacques Fournier (futuro Benedicto XII), el que reunió en Montaillou, no es arriesgado pensar que era una réplica de los tribunales que operaban ya en esos años. Fourinier tenía al dominico Gaillard de Pomiés en el papel de ayudante del obispo y le seguían asesores arraigados en la ciudad sede de la diócesis. Abajo estaban los notarios y escribientes. Y ya en el último escalón, los mensajeros, carceleros o servidores.

De manera que muchos historiadores mencionan que los inquisidores seguían esas pautas. Primero llegaban a un pueblo en compañía de un notario o escribiente para documentar el procedimiento o en ocasiones de un sirviente o guardaespaldas. El párroco primero reunía a los habitantes del pueblo para que el visitante diera un sermón sobre los peligros y pecados de la herejía.

. . .

Después el inquisidor anunciaba un periodo de gracia, lo que le servía para medir el terreno y si había actividad herética. Pero durante ese periodo conminaba a quienes hubieran cometido tal falta a que podían confesar sus pecados a cambio de un trato clemente. En esta suerte de recopilación de datos en una semana, el tribunal procedía a la acción, lo que traía el aumento de acusaciones, que era lo que alimentaba el aparato inquisitorial, así como el arrepentimiento.

En el siguiente paso, el inquisidor anunciaba la fase del edicto de fe, de manera que cualquier acusado se convertía en víctima de interrogatorios y arrestos. Y es que el inquisidor animaba a los ciudadanos a denunciar la herejía que pudiera existir entre terceras personas.

De esta forma los edictos de gracia permitían la entrada y salida de gente como fuera posible.

El inquisidor debía tener al menos dos testimonios interrogatorios para seguir con el proceso, en ocasiones los sujetos víctimas de investigación no sabían por qué estaban apresados, ni los que estaban bajo sospecha, hasta el día que los citaban. Cuando ya tenían al acusado, los inquisidores trataban de diferenciar las mentiras de la verdad a base del método de interrogación y de presión psicológica, entre amenazas de muerte y de excomunión.

Así, era muy difícil alegar inocencia una vez acusado por los inquisidores. Incluso los sospechosos que confesaban haber cometido dicho pecado no podían reconciliarse con la Iglesia hasta que dieran nombres e información de otros culpables, pues si obstaculizaban la investigación se arriesgaban a sentencias de cárcel o la pérdida de sus propiedades.

Si no cooperaban, los inquisidores reducían la ración de comida y los encadenaban a la pared. Para conseguir que los acusados confesaran, los encerraban durante un largo periodo de tiempo y así reflexionaran sobre sus "delitos". En ese lapso, el acusado era visitado por otros ya confesos para que lo convencieran de que aceptara la culpa.

Los manuales de las penitencias

En algunos manuales que se han conservado de la Edad Media dan luz sobre cómo se procedía ante los acusados. En estos se mencionan las tareas y las penas que se les debían aplicar, por ejemplo, en las Actas del Concilio Tarraconense (1242) se mostraban los tipos de penitencias y un vocabulario específico que sentó las bases del que aplicaría la Inquisición; el Processus Inquisitionis (1244), de Bernardo de Caux y Juan de Saint Pierre, que remarca los procedimientos jurídicos a seguir.

La Practica Inquisitionis Hereticae Pravitatis (Conducta de interrogación relacionada con la depravación herética), como ya mencionamos, fue escrita por el inquisidor retirado Bernardo de Gui en el año 1321. El autor ofrece investigaciones en las que recoge sus experiencias personales de años de persecución contra cátaros y valdenses, además de un estudio completo sobre las sectas a las que se atacaba. Su tratado desgrana, entre otros puntos, el conocimiento y el poder de los inquisidores a partir de las bulas pontificias y los cánones de los concilios. Hay que destacar que las hazañas de Bernardo de Gui inspiraron la novela histórica "En el nombre de la rosa", de Humberto Eco. Con todo, había un método extremo que alentaba a los acusados a confesar: la tortura.

En 1376, el inquisidor y teólogo Nicolás Aymerich escribió e Directorium Inquisitorum, donde describía la tenacidad para gestionar un procedimiento de manera exhaustiva y detallada. Explica las herejías a las que hay que atacar, así como a los judíos e infieles, y agrega a sectas nuevas: adivinos, magos y a quienes invocan al demonio.

. . .

Además, destaca un apartado que le dedica a la práctica de la tortura y las pautas de cuándo las debe aplicar la Inquisición, dos ejemplos son cuando el hereje se contradice o cuando su palabra replica a los testigos que llama "de ciencia", que es la gente de honradez probada.

Desde luego, uno de los elementos espeluznantes que usaba el inquisidor era la tortura. En la Edad Media se consideraba un método aceptable para la detección de mentiras siempre que hubiera razones suficientes para justificarla. Se trataba de un proceso para averiguar si el acusado estaba diciendo la verdad. Y este era el rol inicial de la tortura, era como tal un instrumento legal que entraba en juego en un momento dado del caso y en circunstancias muy específicas.

Antes de 1252, la Iglesia prohibía a los inquisidores que usaran la tortura en sus investigaciones, pero tras el asesinato del inquisidor Pedro Martir en Lombardía, a manos de los cátaros, el papa Inocencio IV aprobó que métodos como la tortura entraran en la lucha contra la herejía.

Los castigos y penitencias iban desde el azotamiento público hasta el encarcelamiento a los trabajos forzados. Y se les obligaba a los convictos a llevar ropa distintiva para hacer pública su vergüenza.

Para los reincidentes, los que se retractaban y luego volvían a sus anteriores costumbres, su castigo era la muerte. El derecho canónigo prohibía a los miembros del clero participar en los juicios de sangre, por lo que los inquisidores entregaban a los herejes a las autoridades civiles, quienes se hacían cargo y en lo máximo de cinco días se aplicaban las leyes contra ellos. Los inquisidores nunca acudían a las ejecuciones.

Luego de todo el proceso y dictada la sentencia había una inmensa variedad de penas dependiendo de la zona donde estuviera el tribunal, como la cadena perpetua, en la que los acusados eran marcados para llevar dos cruces amarillas en sus ropajes, una en el pecho y otra en la espalda. Para las clases pudientes, otras sanciones eran las peregrinaciones, en las que por lo general los caballeros abandonaban a su familia y, en ocasiones, ya no regresaban. La sentencia más grave era la hoguera, que se debía entender como salvadora de almas y no como un castigo máximo.

Heterodoxos: los dulcinitas y fratricelli

En la baja Edad Media, los herejes eran perseguidos y los heterodoxos, aunque en su significado dijera "disconforme con el dogma de una religión", en ocasiones eran aceptados en los postulados oficiales de la Iglesia. Así que entre los siglos XIV y XV van a florecer grupos que están entre los heterodoxos y los herejes, en esta etapa donde los papas ya no se encontraban en Roma, sino en Aviñón, Francia, donde se autonombraban como autoridades y mantenían disputas entre ellos.

En esta corriente se encuentran los espirituales, que en los últimos días de vida de san Francisco de Asís marcaron su propia interpretación de sus doctrinas y decidieron vivir en la pobreza extrema como una reforma de la Iglesia, y ante tales prácticas desde luego fueron perseguidos. Un caso que se registró en esta etapa es el de Bernardo de Delicieux, quien en Marsella, en 1319, fue acusado por haber envenenado a Benedicto XI, además de cargos por nigromancia y herejía.

Y ya acentuado el radicalismo, otro ejemplo a destacar es el de los fratricelli, que se movían entre Toscana y otras regiones de Italia, con el fin de negar el derecho a la Iglesia a entrometerse en asuntos mundanos, y que estos correspondían a príncipes y reyes. Martín V mandó quemar 36 de sus iglesias y un grupo fue llevado a la hoguera en Florencia y Fabriano, en Ancona.

. . .

Los dulcinitas deben su nombre a Dulcino da Novara, que a su vez seguía las corrientes de Gerardo Segarelli, quien fundó la secta de los Hermanos Apostólicos, que además no gozaba de buena reputación. Dulcino se oponía a las jerarquías del clero, al sistema feudal y que se debía sostener la humildad y la pobreza ante la llegada del fin del mundo.

Hombres y mujeres tenían los mismos derechos en una comuna, de manera que la Santa Inquisición mandó toda su maquinaria en 1307, cuando el papa Clemente V dictó una bula de Cruzada a cargo de Rainero Avogardo, pues los dulcinitas ya no gozaban de adeptos, debido a que no le pensaban para tomar las armas contra los que se opusieran a sus postulados. El peligro fue latente y la lucha sangrienta. Como resultado de esta disputa hubo muchas muertes y Dulcino; su amante, Margherita Boninsegura; así como su seguidor, Longino di Bergamo, fueron condenados y llevados a la hoguera por la Inquisición.

Los templarios, a la orden

La Orden de los Pobres Compañeros de Cristo y del Templo de Salomón (en latín: Pauperes Commilitones Christi Templique Salomonici), también llamada la Orden del Temple, cuyos miembros son conocidos como caballeros templarios, nacieron en 1119 ante la dominación cristiana de Jerusalén, con muchos mitos e incluso historias de aventuras detrás, pero hacia el 1300 ya no tenían la aprobación de la Iglesia.

Su naturaleza de cruzados les dio éxito en menos de dos siglos. Hugo de Payns lideró la primera batalla con el propósito de proteger las vidas de los cristianos que peregrinaban a Jerusalén tras la conquista. Pero perdieron algunas fortificaciones importantes como la de San Juan de Acre en 1291, la última en Tierra Santa, esto además del autoritarismo de los reyes franceses que deseaban imponerse sobre nobles y territorios. Todo eso ocasionó la búsqueda de su disolución.

El Temple además acumulaba riquezas, lo que el rey Felipe IV de Francia, con gestión de 1285 a 1314, buscó de muchas formas paliar la crisis de su reino con el acceso a sus tesoros. Pero los templarios, contados por miles, no cedieron ante ninguna de sus estrategias y ambiciones. Así, Felipe, con el poder de la Iglesia a su favor, convocó a Guillermo de Nogaret, el inquisidor de Francia, el dominico Guillermo de Humbert y a uno de sus hombres de confianza, Enguerrand de Marigny.

Si primero se lanzó un mensaje de persecución fechado el 13 de octubre de 1307 para que todos los templarios fueran arrestados y despojados de propiedades, lo que continuaba eran las acusaciones que en la mayoría de los casos condenaba la Santa Inquisición: herejes, brujos, sacrílegos, negadores de Cristo que escupían su crucifijo, sodomía e idolatría a calaveras humanas.

Miles de caballeros del Temple fueron ajusticiados o quemados vivos.

Entre los que cayeron estaba el maestre templario Jacques de Molay y enseguida el visitador de la orden Hugo de Pairaud, ambos aterrados ante lo que se les venía encima; la orden ya sentía los pasos firmes inquisitorios, pero ahora bajo el instrumento de la realeza. Dos poderes fusionados y difíciles de combatir.

Ante el pantanoso proceso empezaron a juzgarlos, pero antes, en el Concilio de Vienne en 1311-1312, se prohibió la perpetuidad del Temple, ganándose la excomunión quienes desafiaran las órdenes. Finalmente, el 18 de marzo de 1314, ante la urgente orden de la Inquisición fueron quemados Jacques de Molay y Geoffroi de Charney, preceptor templario de Normandía, en la Isla de los Judíos, en París. De Pairaud fue condenado a cadena perpetua.

Juana de Arco, a la hoguera por hereje

. . .

De esta época, uno de los personajes importantes es Juana de Arco, quien murió quemada en la hoguera.

La joven campesina iletrada escuchaba voces celestiales que la invitaban a tomar las armas contra los ingleses, en el contexto de la Guerra de los 100 años. Al mando de las tropas francesas, los derrotó en varias ocasiones y le devolvió el trono a Francia, a cargo del delfín Carlos.

En mayo de 1430 fue hecha prisionera en Compiégne por las tropas del duque de Luxemburgo, aliado del duque de Borgoña y del rey de Francia. Juana fue vendida a los ingleses y en Ruan fue enjuiciada en 1431, acusada de que las voces que escuchaba eran del diablo, que sus premoniciones eran brujería y que su espada y estandarte eran instrumentos endemoniados. Ante el estrado, Juana de Arco se retractó vestida de hombre, por lo que se le consideró reincidente y fue condenada a morir en la hoguera en la Plaza del Viejo Mercado, en Ruan, el 30 de mayo de 1431. Fue beatificada por Pío X en 1909 y canonizada por Benedicto XV en 1920.

De la Inquisición no se salvan ni los muertos

. . .

La hoguera está muy relacionada con ejecuciones contra los herejes a lo largo de la historia de la Inquisición, dada la idea de purificación que se le ha otorgado históricamente al fuego. De la Inquisición no se salvaban ni los muertos, pues si se les comprobaba que fueron herejes, se saqueaban sus tumbas y se arrojaban sus restos a la hoguera. A la mañana siguiente, luego de una quema, llegaban los coleccionistas de reliquias y acudían con sacos a barrer las cenizas en busca de piezas de cadáveres.

En la mayoría de los casos se trataba de personas que creían que aquellos que morían eran mártires y debían ser venerados.

4

La supresión de la herejía durante
los primeros doce siglos

Aunque los Apóstoles estaban profundamente imbuidos de la convicción de que debían transmitir a la posteridad el depósito de la fe sin mácula, y que cualquier enseñanza que discrepara de la suya, aunque fuera proclamada por un ángel del Cielo, sería una ofensa culpable, San Pablo no hizo, en el caso de los herejes Alejandro e Himeneo, penas de muerte o de flagelación de la Antigua Alianza (Deuteronomio 13:6; 17:1), sino que consideró suficiente la exclusión de la comunión de la Iglesia (1 Timoteo., i, 20; Tito, iii, 10). De hecho, los cristianos de los tres primeros siglos difícilmente podían asumir otra actitud hacia los que se equivocaban en materia de fe. Tertuliano (Ad. Scapulam, c. ii) establece la regla: Humani iuris et naturalis potestatis, unicuique quod putaverit colere, nec alii obest aut prodest alterius religio.

Sed nec religionis est religionem colere, quae sponte suscipi debeat, non vi (El derecho humano y el poder natural, que cada uno piensa que debe adorar, no daña ni contribuye a la religión de otro. Pero no es una religión adorar una religión que debería ser aceptada libremente).

En otras palabras, nos dice que la ley natural autorizaba al hombre a seguir sólo la voz de la conciencia individual en la práctica de la religión, ya que la aceptación de la religión era una cuestión de libre albedrío, y no de obligación.

Respondiendo a la acusación de Celso, basada en el Antiguo Testamento, de que los cristianos perseguían a los disidentes con la muerte, la quema y la tortura, Orígenes se contenta con explicar que hay que distinguir entre la ley que los judíos recibieron de Moisés y la dada a los cristianos por Jesús; la primera era obligatoria para los judíos y la segunda para los cristianos. Los cristianos judíos, si son sinceros, ya no pueden ajustarse a toda la ley mosaica, por lo que ya no eran libres de matar a sus enemigos o de quemar y apedrear a los infractores de la ley cristiana.

San Cipriano de Cartago, rodeado como estaba de innumerables cismáticos y cristianos poco sinceros, también dejó de lado la sanción material del Antiguo Testamento, que castigaba con la muerte la rebelión contra el sacerdocio y los Jueces. Siendo la religión ahora espiritual, sus sanciones adquieren el mismo carácter, y la excomunión sustituye a la muerte del cuerpo. Lactancio todavía estaba sufriendo bajo el azote de las sangrientas persecuciones, cuando escribió estas Divinas Instituciones en el año 308 d.C.

Naturalmente, por lo tanto, defendió la más absoluta libertad de religión. Escribe: "siendo la religión una cuestión de voluntad, no se puede imponer a nadie; en este asunto es mejor emplear palabras que golpes [verbis melius quam verberibus res agenda est]. ¿De qué sirve la la crueldad? ¿Qué tiene que ver el potro de tortura con la piedad? Seguramente no hay relación entre la verdad y la violencia, entre la justicia y la crueldad… Es cierto que nada es tan importante como la religión, y hay que defenderla a toda costa [summâ vi] … Es cierto que hay que protegerla, pero muriendo por ella, no matando a otros; con sufrimiento, no con violencia; con fe, no con crimen. Si se intenta defender la religión con el derramamiento de sangre y la tortura, lo que haces no es defensa, sino profanación e insulto. Porque nada es tan intrínsecamente una cuestión de libre albedrío como la religión".

Los maestros cristianos de los tres primeros siglos insistieron, como era natural en ellos, en una completa libertad religiosa; además, no sólo insistieron en el principio de que la religión no podía ser forzada a los demás -un principio al que siempre se adhirió la Iglesia en su trato con los no bautizados- sino que, al comparar la ley mosaica y la religión cristiana, enseñaban que esta última se contentaba con un castigo espiritual a los herejes (es decir, con la excomunión), mientras que el judaísmo procedía necesariamente contra sus disidentes con la tortura y la muerte.

Sin embargo, los sucesores imperiales de Constantino pronto comenzaron a ver en sí mismos a los "obispos del exterior" divinamente designados, es decir, dueños de las condiciones temporales y materiales de la Iglesia.

Al mismo tiempo, conservaron la autoridad tradicional de "Pontifex Maximus", y de la autoridad civil se inclinó, frecuentemente en alianza con los prelados de tendencia arriana, a perseguir a los obispos ortodoxos mediante el encarcelamiento y el exilio. Pero estos últimos, especialmente San Hilario de Poltiers, protestó enérgicamente contra cualquier uso de la fuerza en la religión, ya sea para la difusión del cristianismo o para la preservación de la fe. En este sentido, los severos decretos del Antiguo Testamento quedaban abrogados por las leyes suaves y apacibles de Cristo. Sin embargo, los sucesores de Constantino fueron siempre persuadidos que la primera preocupación de la autoridad imperial era la protección de la religión y por ello, con terrible regularidad, promulgó numerosos edictos penales contra los herejes.

En el espacio de cincuenta y siete años se promulgaron así sesenta y ocho decretos. Toda clase de herejes fueron afectados por esta legislación, y de diversas maneras, por el exilio, la confiscación de bienes o la muerte. Una ley de 407, dirigida a los donatistas traidores, afirma por primera vez que estos herejes debían ser puestos en el mismo plano que los transgresores de la sagrada majestad del emperador, concepto al que se reservó en tiempos posteriores un papel muy trascendental.

La pena de muerte, sin embargo, sólo se imponía para ciertos tipos de herejía; en su persecución de los herejes, los emperadores cristianos no llegaron a la severidad de Diocleciano, que en 287 condenó a la hoguera a los maniqueos, e infligió a sus seguidores en parte la pena de muerte por decapitación, y en parte trabajos forzados en las minas del gobierno.

Hasta ahora hemos tratado la legislación del Estado cristianizado. En la actitud de los representantes de la Iglesia hacia esta legislación ya se nota cierta incertidumbre. A finales del siglo IV y durante el V, el maniqueísmo, el donatismo y el priscilianismo eran las herejías más atacadas. Expulsado de Roma y Milán, el maniqueísmo se refugió en África. Aunque fueron declarados culpables de enseñanzas y fechorías abominables, la Iglesia se negó a invocar el poder civil contra ellos; de hecho, el gran obispo de Hipona rechazó explícitamente el uso de la fuerza. Sólo buscó su retorno a través de sumisión pública y privada, y sus esfuerzos parecen haber tenido éxito. En efecto, de hecho, aprendemos de él que los propios donatistas fueron los primeros en apelar al poder civil para protección contra la Iglesia. Sin embargo, les ocurrió lo mismo que a los acusadores de Daniels: los leones se volvieron contra ellos.

La intervención del Estado no respondió a sus deseos, y ante los violentos excesos de los Circumceliones los donatistas se quejaron amargamente de la crueldad administrativa. San Optato de Mileve defendió a la autoridad civil como sigue, en De Schismate Donntistarum:

… como si no estuviera permitido presentarse como vengadores de Dios, y pronunciar ¡sentencia de muerte! ... Pero, decís, el Estado no puede castigar en nombre de Dios. Sin embargo, ¿no fue en nombre de Dios que Moisés y Fineas condenaron a muerte a los adoradores del becerro de oro y a los que despreciaban la verdadera religión?

Esta fue la primera vez que un obispo católico defendió una cooperación decisiva del Estado en cuestiones religiosas, y su derecho a infligir la muerte a los herejes. Por primera vez, también, se apeló al Antiguo Testamento, a pesar de que tales apelaciones habían sido rechazadas por los maestros cristianos.

San Agustín, por el contrario, seguía oponiéndose al uso de la fuerza, y trataba de hacer retroceder a los descarriados por medio de la instrucción; a lo sumo admitía la imposición de una multa moderada a los refractarios. Finalmente, sin embargo, cambió de opinión, ya sea movido por los increíbles excesos de los Circumceliones o por los buenos resultados obtenidos por el uso de la fuerza, o a través de las persuasiones de otros obispos. A propósito de su aparente incoherencia, es bueno observar cuidadosamente a quién se dirige.

Parece que señala, por un lado, a los funcionarios del gobierno a los funcionarios del gobierno, que querían que las leyes existentes se aplicaran en toda su extensión, y de otra manera a los Donatistas, que negaban al Estado cualquier derecho a castigar a los disidentes. En su correspondencia con los funcionarios del Estado, insiste en la caridad cristiana y la tolerancia, y representa a los herejes como corderos descarriados, a los que hay que buscar y quizás, si son recalcitrantes, castigar con varas y asustar con amenazas de mayor severidad, pero no para ser devueltos al redil por medio del potro y la espada.

. . .

Por otra parte, en sus escritos contra los donatistas defiende los derechos del Estado: a veces, dice que debe existir una severidad saludable para el interés de los propios descarriados y para la protección de los verdaderos creyentes y de la comunidad en general.

En cuanto al priscilianismo, no pocos puntos siguen siendo oscuros, a pesar de las valiosas investigaciones recientes. Parece cierto, sin embargo, que Prisciliano, obispo de Avilia en España, fue acusado de herejía y brujería, y fue declarado culpable por varios concilios.

San Ambrosio en Milán y San Damasco en Roma parecen haberle negado una audiencia. Al final apeló al emperador Máximo en Tréveris, pero en detrimento suyo, ya que allí fue condenado a muerte. El propio Prisciliano, sin duda en plena conciencia de su propia inocencia, había pedido anteriormente la represión de los maniqueos por la espada. Pero los principales maestros cristianos no compartían estos sentimientos, y su propia ejecución les dio ocasión de protestar solemnemente contra el cruel trato que le dispensaba por el gobierno imperial. San Martín de Tours, entonces en Tréveris, se esforzó por obtener de la autoridad eclesiástica el abandono de la acusación, e indujo al emperador a prometer que en ningún caso derramaría la sangre de Prisciliano, ya que la deposición eclesiástica de los obispos sería suficiente castigo, y el derramamiento de sangre se opondría a la Ley Divina.

. . .

Después de la ejecución culpó fuertemente tanto a los acusadores como al emperador, y durante mucho tiempo se negó a a comulgar con los obispos que habían sido de alguna manera responsables de la muerte de Prisciliano. El gran obispo de Milán, San Ambrosio, calificó esa ejecución como un crimen.

El priscilianismo, sin embargo, no desapareció con la muerte de su iniciador; por el contrario, se extendió con extraordinaria rapidez, y, a través de su adopción abierta del maniqueísmo, se convirtió en una amenaza pública más que nunca. De este modo, los severos juicios de San Agustín y San Jerónimo contra el priscilianismo se hacen inteligibles.

En 447 León Magno tuvo que reprochar a los seguidores del Priscilianismo de aflojar los sagrados lazos del matrimonio, pisoteando toda la decencia, y burlarse de toda ley, humana y divina. Le pareció natural que los gobernantes temporales castigaran tal locura sacrílega, y que condenaran a muerte al fundador de la secta y a algunos de sus seguidores.

. . .

Continúa diciendo que esto redundó en beneficio de la Iglesia: "quae etsi sacerdotali contenta iudicio, cruentas refugit ultiones, severis tamen christianorum principum constitutionibus adiuratur, dum ad spiritale recurrunt remedium, qui timent corporale supplicium" -aunque la Iglesia se contentaba con una sentencia espiritual por parte de sus obispos y era reacia al derramamiento de sangre, sin embargo, fue ayudada por la severidad imperial en la medida en que el miedo al castigo corporal impulsaba a los culpables a buscar un remedio espiritual.

5

Las verdaderas premisas de la Inquisición

Las ideas eclesiásticas de los cinco primeros siglos pueden resumirse como sigue:

* la Iglesia no debe derramar sangre por ninguna causa (San Agustín, San Ambrosio, San León I y otros);

* otros maestros, sin embargo, como Optato de Mileve y Prisciliano, creían que el Estado podía dictar la pena de muerte a los herejes en caso de que el bienestar público lo exigiera;

* la mayoría sostenía que la pena de muerte por herejía, cuando no era civilmente criminal, era irreconciliable con el espíritu del cristianismo.

. . .

San Agustín, casi en nombre de la Iglesia occidental, dice: "Corrigi eos volumus, non necari, nec disciplinam circa eos negligi volumus, nec suppliciis quibus digni sunt exerceri"; deseamos que se corrijan, no que se les dé muerte; deseamos el triunfo de la disciplina (eclesiástica), no las penas de muerte que merecen. San Juan Crisóstomo dice sustancialmente lo mismo en nombre de la Iglesia Oriental: "condenar a muerte a un hereje es cometer una ofensa que no puede ser expiada"; y dirá también que Dios prohíbe su ejecución, al igual que nos prohíbe arrancar berberechos, pero no nos prohíbe repelerlos, ni privarles de la libertad de expresión, o prohibir sus reuniones. La ayuda del "brazo secular", por lo tanto, no se rechazaba del todo; al contrario, siempre que el bienestar cristiano, general o doméstico lo requería, los gobernantes cristianos trataban de frenar el mal con medidas apropiadas. A finales del siglo, VII San Isidoro de Sevilla expresa sentimientos similares.

Qué poco debemos confiar en la cacareada imparcialidad de Henry Charles Lea, el historiador americano de la Inquisición, podemos ilustrarlo con un ejemplo.

En su "Historia de la Inquisición en la Edad Media" cierra este periodo con estas palabras: sólo sesenta y dos años después de que la matanza de Prisciliano y sus seguidores hubiera provocado tanto que León I, cuando la herejía parecía revivir en el año 447, no sólo justificó el acto, sino que declaró que, si se permitía vivir a los seguidores de una herejía tan condenable, se pondría el fin de la ley humana y divina. El paso final se había dado y la iglesia estaba definitivamente comprometida a la supresión de la herejía a cualquier precio. Es imposible no atribuir a la influencia eclesiástica los sucesivos edictos por los que, desde la época de Teodosio el Grande, la persistencia en la herejía era castigada con la muerte.

Además, es exactamente lo contrario de la verdad histórica afirmar que los edictos imperiales que castigaban la herejía con la muerte se debieron a la influencia eclesiástica, ya que hemos demostrado que en este período las autoridades eclesiásticas más influyentes declararon que la pena de muerte era contraria al espíritu del Evangelio, y se opusieron a su ejecución.

Durante siglos esta fue la actitud eclesiástica, tanto en la teoría como en la práctica.

Así, de acuerdo con la ley civil, algunos maniqueos fueron ejecutados en Ravenna en 556. Por otro lado, Elipando de Toledo y Félix de Urgel, los jefes del adopcionismo y del predestinacionismo, fueron condenados por los concilios, pero no fueron molestados. Podemos notar, sin embargo, que el monje Gothescalch, después de su falsa doctrina de que Cristo no había muerto por toda la humanidad, fue condenado por los sínodos de Maguncia en 848 y de Quiercy en 849 a latigazos y a la cárcel, castigos entonces comunes en los monasterios por diversas infracciones de la regla.

En otra tónica, alrededor del año 1000 los maniqueos de Bulgaria, bajo diversos nombres, se extendieron por Europa occidental. Eran numerosos en Italia, España, la Galia y Alemania. El sentimiento popular cristiano pronto se mostró adverso a estos peligrosos sectarios, y dio lugar a ocasionales persecuciones locales, naturalmente en formas que expresan el espíritu de la época.

En 1122, el rey Roberto el Piadoso (regis iussu et universae plebis consensu), "porque temía por la seguridad del reino y la salvación de las almas" hizo quemar vivos a trece distinguidos ciudadanos, eclesiásticos y laicos, en Orleans.

En otros lugares, actos similares se debieron a arrebatos populares. Unos años más tarde, el obispo de Chalons observó que la secta se extendía en su diócesis, y pidió a Wazo, obispo de Lieja, un consejo sobre el uso de la fuerza. Wazo respondió que esto era contrario al espíritu de la Iglesia y a las palabras de su Fundador, que ordenó que la cizaña creciera con el trigo hasta el día de la cosecha, para que el trigo no fuera desarraigado con la cizaña; los que hoy eran cizaña podrían mañana convertirse. Por lo tanto, déjenlos vivir, y dejen que la simple excomunión sea suficiente.

Crisóstomo, como hemos visto, había enseñado una doctrina similar. Este principio no podía seguirse siempre. Así, en Goslar, en la Navidad de 1051, y en 1052, varios herejes fueron colgados porque el emperador Enrique III quería evitar que se siguiera propagando "la lepra herética". Unos años más tarde, en 1076 o 1077, un catarista fue condenado a la hoguera por el Obispo de Cambrai y su capítulo. Otros cataristas, a pesar de la intervención del arzobispo, los magistrados de Milán les dieron a elegir entre rendir homenaje a la Cruz o montar en la pira. El mayor número de ellos eligió esta última opción. En 1114, el obispo de Soissons mantuvo a varios herejes en prisión en su ciudad episcopal.

Pero mientras se dirigía a Beauvais, para pedir de los obispos reunidos allí para un sínodo, el "pueblo creyente, temiendo la habitual actitud de los eclesiásticos, asaltaron la prisión, sacaron a los acusados fuera de la ciudad y los quemaron.

Al pueblo le disgustaba lo que para ellos era la extrema dilatación del clero en la persecución de los herejes. En 1144, Adalerbo II de Lieja esperaba llevar a algunos cataristas encarcelados a un mejor conocimiento por la gracia de Dios, pero el pueblo, menos indulgente, asaltó a las infelices criaturas y sólo el obispo logró rescatar a algunos de ellos de la muerte en la hoguera. Un drama similar se representó por la misma época en Colonia, mientras el arzobispo y los sacerdotes intentaron que los descarriados volvieran a la Iglesia, estos últimos fueron extraídos violentamente de los clérigos y quemados en la hoguera.

Los heresiarcas más conocidos de la época, Pedro de Bruys y Arnaldo de Brescia, corrieron una suerte similar, el primero en la hoguera como víctima de la furia popular, y el segundo bajo el hacha de los esbirros como víctima de sus enemigos políticos.

En resumen, no se puede culpar a la Iglesia por su comportamiento hacia la herejía en aquellos rudos días.

Entre todos los obispos de la época, hasta donde se puede contar, sólo Theodwin de Lieja, sucesor del mencionado Wazo y predecesor de Adalbero II, recurrió al poder civil para castigar a los herejes, e incluso no pidió la pena de muerte, que fue rechazada por todos.

. . .

Fueron más respetados en el siglo XII Pedro Canter, el hombre más culto de su tiempo, y San Bernardo de Claraval. El primero dice, en su "Verbum abbreviatum":

Tanto si son condenados por el error, como si confiesan libremente su culpabilidad, los cataristas no deben ser sometidos a muerte, al menos cuando se abstengan de asaltar la Iglesia a mano armada. Porque, aunque el Apóstol dijo: "Evita a un hombre que sea hereje después de la tercera amonestación", ciertamente no dijo "matadlo". Mételo en la cárcel, si quieres, pero no lo mates.

Tan lejos estaba San Bernardo de estar de acuerdo con los métodos de la gente de Colonia, que estableció el axioma: Fides suadenda, non imponenda (Por la persuasión, no por la violencia, se debe ganar a los hombres para la fe). Y si censura el descuido de los príncipes, que tenían la culpa porque alguna pequeña alimaña devastó la viña, sin embargo, añade que ésta no debe ser capturada por la fuerza sino con argumentos (capiantur non armis, sed argumentis); los obstinados debían ser excomulgados y, si es necesario, mantenerlos confinados por la seguridad de los demás.

Los sínodos de la época emplean sustancialmente los mismos términos, por ejemplo, el sínodo de Reims en 1049 bajo León IX, el de Toulouse en 1119, presidido por Calixto II, y finalmente el Concilio de Letrán de 1139. Por lo tanto, las ejecuciones ocasionales de herejes durante este período deben atribuirse en parte a la arbitrariedad de los gobernantes, en parte a los brotes de fanatismo del populacho, y en ningún caso a las autoridades eclesiásticas. Ya había, es cierto, canonistas que concedían a la Iglesia el derecho a dictar sentencia de muerte sobre los herejes; pero la cuestión se trataba como algo puramente académico, y la teoría no ejercía prácticamente ninguna influencia en la vida real.

La excomunión, la proscripción, el encarcelamiento, etc., fueron efectivamente infligidos, como formas de expiación más que de castigo real, pero nunca la pena capital.

La máxima de Peter Cantor se seguía cumpliendo: "Los cataristas, aunque sean condenados divinamente en una ordalía, no deben ser castigados con la muerte".

En la segunda mitad del siglo XII, sin embargo, la herejía en forma de catarismo se extendió de manera verdaderamente alarmante, y no sólo amenazó la existencia de la Iglesia, sino que socavó los cimientos de la sociedad cristiana. En oposición a esta propaganda creció una especie de ley prescriptiva -al menos en toda Alemania, Francia y España, que castigaba la herejía con la muerte en las llamas. Inglaterra en general no se vio afectada por la herejía. Cuando, en 1166, una treintena de sectarios se dirigieron desde la Iglesia, Enrique II ordenó que se les quemara en la frente con hierro al rojo vivo, que se les golpeara con once varas en la plaza pública y que se les condenara a muerte. Además, prohibió que nadie les diera refugio o les ayudara de alguna manera, por lo que murieron, en parte, de hambre y, en parte, del frío del invierno.

El duque Felipe de Flandes, con la ayuda de Guillermo de la Mano Blanca, arzobispo de Reims, se mostró especialmente severo con los herejes. Hicieron que muchos ciudadanos de sus dominios, nobles y plebeyos, clérigos, caballeros, campesinos, solteronas, viudas, mujeres ancestrales, fueran quemados vivos, confiscaron sus propiedades y las dividieron entre ellos.

Esto ocurrió entre 1183 y 1206. El obispo Hugo de Auxerre actuó de forma similar con los neo-maínicos.

A algunos los despojó; a los demás los exilió o los envió a la hoguera. El rey Felipe Augusto de Francia hizo quemar ocho cataristas quemados en Troyes en 1200, uno en Nevers en 1201, varios en Braisne-sur-Vesle en 1204, y muchos en París, "sacerdotes, clérigos, laicos y mujeres pertenecientes a la secta". Raymund V de Toulouse (1148-94) promulgó una ley que castigaba con la muerte a los seguidores de la secta y sus partidarios. Los hombres de armas de Simón de Montfort creían, en 1211, que aplicaban esta ley cuando se jactaban de haber quemado vivos a muchos.

En 1197 Pedro II, rey de Aragón y conde de Barcelona, emitió un edicto en obediencia en torno a los valdenses y de todos los demás cismáticos; quienquiera que fuera de esta secta que se encontrara en su reino o en su condado después del Domingo de Ramos del año siguiente sería destinado al fuego, así como a la confiscación de los bienes.

La legislación eclesiástica estaba lejos de esta severidad. Alejandro III, en el Concilio de Letrán de 1179, dejó las decisiones ya tomadas con respecto a los cismáticos en el sur de Francia, y pidió a los soberanos seculares que silenciaran a los perturbadores del orden público, si era necesario, por la fuerza, para lo cual podían encarcelar a los culpables (servituti subicere, subdere) y apropiarse de sus bienes.

Según el acuerdo hecho por Lucio III y el emperador Federico Barbarroja en Verona (1148), los herejes de cada comunidad debían ser buscados, llevados ante el tribunal episcopal, excomulgados y entregados al poder civil para que se les diera un castigo adecuado (debita animadversione puniendus).

El castigo adecuado no significaba todavía la pena capital, sino la prohibición proscriptiva, aunque incluso esto, es cierto, implicaba el exilio, la expropiación, la destrucción de la vivienda del culpable, la infamia la inhabilitación para ejercer cargos públicos, etc. La "Continuatio Zwellensis altera, ad ann. 1184" describe con precisión la condición de los herejes en esta época cuando dice que el Papa los excomulgó, y el emperador los puso bajo la prohibición civil, mientras confiscó sus bienes (papa eos excomunicavit imperator vero tam res quam personas ipsorum imperiali banno subiecit).

Bajo Inocencio III no se hizo nada para intensificar o añadir a los estatutos existentes contra la herejía, aunque este papa les dio un mayor alcance mediante la acción de sus legados y a través del Cuarto Concilio de Letrán (1215). Pero este acto fue en realidad un servicio relativo a los herejes, ya que el procedimiento canónico regular así introducido hizo mucho para abrogar la arbitrariedad, la pasión y la injusticia de los tribunales civiles en España, Francia y Alemania.

. . .

En la medida en que sus prescripciones, no se produjeron condenas sumarias ni ejecuciones en masa, ni se instalaron hogueras ni potro de tortura; y si, en una ocasión, durante el primer año de su pontificado, para justificar la confiscación, apeló al Derecho Romano y a sus penas por delitos contra el poder soberano, no llegó a la conclusión extrema de que los herejes merecían ser quemados. Su reinado ofrece muchos ejemplos que muestran el vigor que le quitó en la práctica al código penal existente.

6

La Inquisición de la Edad Media

Durante las tres primeras décadas del siglo XIII la Inquisición, como institución, no existía. Pero finalmente la Europa cristiana estaba tan amenazada por la herejía, y la legislación penal sobre el catarismo había llegado tan lejos, que la Inquisición parecía ser una necesidad política.

Que estas sectas eran una amenaza para la sociedad cristiana había sido reconocido por los gobernantes bizantinos. Ya en el siglo X la emperatriz Teodora había dado muerte a una multitud de Paulicios, y en 1118 el emperador Alejo Comneno trató a los bogomilos con igual severidad, pero esto no impidió que se extendieran por toda Europa occidental.

. . .

Además, estas sectas eran en grado sumo agresivas, hostiles al cristianismo mismo, a la misa, a los sacramentos, a la jerarquía y organización eclesiástica; hostiles también al gobierno feudal por su actitud hacia los juramentos, que declaraban que no eran permisibles bajo ninguna circunstancia. Tampoco sus puntos de vista eran menos de la sociedad humana, ya que, por un lado, prohibían el matrimonio y la propagación de la raza humana. Por otro lado, convirtieron el suicidio en un deber a través de la institución de la Endura. Se ha dicho que perecieron más por la Endura (el código de suicidio catarista) que por la Inquisición. Por lo tanto, era natural que los guardianes del orden existente en Europa, especialmente de la religión cristiana, adoptaran medidas represivas contra tales enseñanzas revolucionarias.

En Francia, Luis VIII decretó en 1226 que las personas excomulgadas por el obispo diocesano, o su delegado, debían recibir un "castigo de reunión" (debita animadversio). En 1249, Luis IX ordenó a los barones que trataran a los herejes según los dictados del deber (de ipsis faciant quod debebant). Un decreto del Concilio de Toulouse (1229) hace pensar que en Francia la muerte en la la hoguera ya se comprendía como acorde con la mencionada debita animadversio.

Buscar la influencia de las ordenanzas imperiales es vano, ya que la quema de herejes ya se consideraba prescriptiva.

· · ·

En Italia, el emperador Federico II, ya el 22 de noviembre de 1220, emitió un rescripto contra los herejes, concebido, sin embargo, en el espíritu de Inocencio III, y Honorio III encargó a sus legados que hicieran cumplir en las ciudades italianas tanto los decretos canónicos de 1215 como la legislación imperial de 1220.

De lo anterior no se puede dudar que hasta 1224 no existía ninguna ley imperial que ordenara o que presuponía como legal la quema de herejes. El rescripto para Lombardía de 1224 es por tanto la primera ley en la que se contempla la muerte por fuego. No se puede afirmar que Honorio III haya participado en la redacción de esta normativa; en efecto, el emperador necesitaba tanto menos de la inspiración papal, ya que la quema de herejes en Alemania ya no era rara; además, sus legistas de la antigua ley romana, que castigaba la alta traición con la muerte y el maniqueísmo en particular con la hoguera.

Los rescriptos imperiales de 1220 y 1224 fueron adoptados en el derecho penal eclesiástico en 1231, y pronto fueron aplicados en Roma.

· · ·

Fue entonces cuando surgió la Inquisición de la Edad Media. ¿Cuál fue la provocación inmediata? Las fuentes contemporáneas no ofrecen una respuesta positiva. El obispo Douais, que quizás domina mejor que nadie el material original contemporáneo, ha intentado explicar su aparición por un supuesto afán de Gregorio IX de prevenir las invasiones de Federico II en el ámbito estrictamente eclesiástico de la doctrina. Para ello parece necesario que el Papa estableciera un tribunal distinto y específicamente eclesiástico. Desde este punto de vista, aunque la hipótesis no puede ser completamente probada, mucho es inteligible que de otra manera permanece oscuro. No cabe duda de que había razones para temer tales intromisiones imperiales en una época aún llena de las airadas disputas del Imperium y el Sacerdotium.

Sólo hay que recordar las exigencias de la pureza de la fe, su legislación cada vez más rigurosa contra los herejes, las numerosas ejecuciones de sus rivales personales con el pretexto de suprimir la herejía, la pasión hereditaria de los Hohenstaufen por el control supremo de la Iglesia y el Estado, su reivindicación de la autoridad dada por Dios sobre ambos, de la responsabilidad en ambos dominios ante Dios y sólo a Dios, etc.

. . .

¿Qué era más natural que la Iglesia se reservara estrictamente para sí misma su propia esfera, mientras que al mismo tiempo se esforzaba por evitar ofender al emperador? Un tribunal religioso puramente espiritual o papal aseguraría la libertad eclesiástica y la autoridad para que este tribunal pudiera ser confiado a hombres de conocimiento experto y reputación intachable, y, sobre todo a hombres independientes en cuyas manos la Iglesia podría confiar con seguridad la decisión sobre la ortodoxia o heterodoxia de una determinada enseñanza.

El Nuevo Tribunal

Su característica esencial

El Papa no estableció la Inquisición como un tribunal distinto y separado; lo que hizo fue nombrar jueces especiales pero permanentes, que ejecutaron sus funciones doctrinales en nombre del Papa. Donde ellos se sentaban, estaba la Inquisición. Hay que tener en cuenta que la característica de la Inquisición no era su procedimiento peculiar, ni el examen secreto de los testigos y la consiguiente acusación oficial: este procedimiento era común a todos los tribunales desde la época de Inocencio III. Tampoco era la persecución de los herejes en todos los lugares: ésta había sido la norma desde el Sínodo Imperial de Verona bajo Lucio III y Federico Barbarroja. Tampoco fue la tortura, que no fue prescrita o incluso permitida durante décadas después del comienzo de la Inquisición, ni, por último, las diversas sanciones, la prisión, la confiscación, la hoguera, etc., todas que eran habituales mucho antes de la Inquisición.

El Inquisidor, en sentido estricto, era un juez especial, pero permanente, que actuaba en nombre del Papa y estaba investido por él con el derecho y el deber de tratar legalmente los delitos contra la fe; sin embargo, debía atenerse a las las reglas establecidas del procedimiento canónico y pronunciar las penas habituales.

Muchos consideraron providencial que justo en ese momento surgieran dos nuevas órdenes, los dominicos y los franciscanos, cuyos miembros, por su formación teológica superior y otras características, parecían eminentemente aptos para llevar a cabo la tarea inquisitorial con total éxito. No sólo estaban dotados de los conocimientos necesarios, sino que también que, además, harían, desinteresadamente y sin influencia de motivos mundanos, únicamente lo que les pareciera su deber por el bien de la Iglesia. Además, había razones para esperar que, debido a su gran popularidad, no encontrarían demasiada oposición. Por lo tanto, no parece que los inquisidores hayan sido elegidos por los Papas predominantemente de estas de estas órdenes, especialmente de la de los dominicos.

Sin embargo, hay que señalar que los inquisidores no fueron elegidos exclusivamente entre las órdenes mendicantes, aunque el senador de Roma en su juramento de cargo (1231) habló de inquisidores ab ecclesia. En su decreto de 1232, Federico II los llama inquisidores ab apostolica. Alberico, en noviembre de 1232, pasó por Lombardía como inquisidor haereticae pravitatis.

El prior y el subprior de los dominicos de Friesbach recibieron una comisión similar ya en el 27 de noviembre de 1231; el 2 de diciembre de 1232, el convento de Estrasburgo, y un poco más tarde los de Würzburg, Ratisbona y Bremen. En 1233 un rescripto de Gregorio IX, relativo a estos asuntos, fue enviado simultáneamente a los obispos del sur de de Francia y a los priores de la Orden Dominicana. Sabemos que los dominicos fueron enviados como inquisidores en 1232 a Alemania a lo largo del Rin, a la diócesis de Tarragona en España y a Lombardía; en 1233 a Francia, al territorio de Auxerre, a las provincias eclesiásticas de Bourges, Burdeos, Narbona y Auch, y a Borgoña; en 1235 a la provincia eclesiástica de Sens.

. . .

En fin, hacia 1255 encontramos la Inquisición en plena actividad en todos los países de Europa Central y Europa occidental en el condado de Toulouse, en Sicilia, Aragón, Lombardía, Francia, Borgoña Brabante y Alemania. Que Gregorio IX, a través de su nombramiento de dominicos y franciscanos como inquisidores, retiró la supresión de la herejía de los tribunales propios (es decir, de los obispos), es un reproche que de forma tan general no puede sostenerse.

Tan poco pensó en desplazar la autoridad episcopal autoridad episcopal que, por el contrario, dispuso explícitamente que ningún tribunal inquisitorial debía funcionar sin la cooperación de los obispos diocesanos.

Y si, en virtud de su jurisdicción papal, los inquisidores manifestaron ocasionalmente una inclinación demasiado grande a actuar independientemente de la autoridad episcopal, fueron precisamente los Papas quienes los mantuvieron dentro de los límites correctos.

Ya en 1254, Inocencio IV prohibió de nuevo la prisión perpetua o la muerte en la hoguera sin el consentimiento episcopal. Órdenes similares fueron emitidas por Urbano IV en 1262, Clemente IV en 1265, y Gregorio X en 1273, hasta que finalmente Bonifacio VIII y Clemente V declararon solemnemente nulas todas las sentencias emitidas en los juicios sobre la fe, a menos que se dicten con la aprobación anti cooperación de los obispos. Los papas siempre defendieron con ahínco la autoridad episcopal y trataron de liberar a los tribunales inquisitoriales de todo tipo de arbitrariedad y capricho.

Era una pesada carga de responsabilidad -casi demasiado pesada para un mortal común- que caía sobre los hombros de un inquisidor, que estaba obligado, al menos indirectamente, a decidir entre la vida y la muerte. La Iglesia estaba obligada a insistir en que debía poseer, en un grado preeminente, las cualidades de un buen juez; que estuviera animado con un celo ardiente por la Fe, la salvación de las almas y la extirpación de la herejía; que en medio de todas las dificultades y peligros nunca cedería a la ira o a la pasión; que debe enfrentar la hostilidad sin temor, pero no debe cortejarla; que no debía ceder a ningún incentivo o amenaza, y sin embargo no ser despiadado; que, cuando las circunstancias lo permitieran, observara la misericordia a la hora de asignar los castigos; que escuchara el consejo de los demás y no confíe demasiado en su propia opinión o en las apariencias, ya que a menudo lo probable es falso, y la verdad improbable. De alguna manera, Bernard Gui (o Guldonis) y Eymeric, ambos inquisidores durante años, describen al inquisidor ideal. De tal inquisidor, en el que sin duda pensaba Gregorio IX cuando instó a Conrado de Marburgo: "no castigar a los malvados para herir a los inocentes". La historia nos muestra hasta qué punto los inquisidores respondieron a este ideal.

Lejos de ser inhumanos, fueron, por regla general, hombres de carácter intachable y a veces de santidad verdaderamente admirable, y no pocos de ellos han sido canonizados por la Iglesia.

No hay absolutamente ninguna razón para considerar al juez eclesiástico medieval como intelectual y moralmente inferior al juez moderno. Nadie negaría que los jueces de hoy, a pesar de las ocasionales decisiones duras y de los errores de unos pocos, ejercen una profesión muy honorable.

Por otra parte, la historia no justifica la hipótesis de que los herejes medievales fueran prodigios de virtud, merecedores de nuestra simpatía de antemano.

Procedimiento

Este comenzaba regularmente con un "término de gracia" de meses, proclamado por el inquisidor cada vez que llegaba a un distrito plagado de herejías. Los habitantes sólo eran convocados a comparecer ante el inquisidor.

A los que confesaban de motu propio se les imponía una penitencia adecuada (por ejemplo, una peregrinación), pero nunca un castigo severo como el encarcelamiento o la entrega al poder civil. Sin embargo, estas relaciones con los habitantes de un lugar a menudo proporcionaban indicaciones importantes, señalaban el rumbo de la investigación, y a veces se obtenían muchas pruebas contra los individuos. Éstos son citados ante los jueces, generalmente por el párroco, aunque a veces por las autoridades seculares y se iniciaba el juicio. Si el acusado se confesaba de inmediato, el asunto quedaba resuelto.

Si el acusado se confesaba completa y libremente, el asunto concluía pronto, y no en detrimento del acusado. Pero en la mayoría de los casos el acusado negaba incluso después de jurar sobre los Cuatro Evangelios, y esta negación era obstinada en la medida en que el testimonio era incriminatorio. David de Augsburgo señaló al inquisidor cuatro métodos para obtener un reconocimiento abierto:

* el miedo a la muerte, es decir, dando a entender al acusado que le esperaba la hoguera si no confesaba

. . .

* El confinamiento más o menos estrecho, posiblemente acentuado por la reducción de la comida;

* visitas de hombres juzgados, que intentaban inducir la confesión libre mediante la persuasión amistosa

* la tortura, de la que se hablará más adelante.

Los testigos

Cuando no se hacía una admisión voluntaria, se aportarían pruebas. Legalmente, tenía que haber al menos dos testigos, aunque los jueces concienzudos rara vez se contentaban con ese número. Hasta ahora, la Iglesia había mantenido el principio de que el testimonio de un hereje, un excomulgado, un perjuro, en fin, de un "infame", carecía de valor ante los tribunales.

Pero en su destino de incredulidad, la Iglesia dio el paso más allá de abolir esta práctica largamente establecida y de aceptar la evidencia de un hereje a casi pleno valor en los juicios relativos a la fe.

Esto aparece ya en el siglo XII en el "Decretum Gratiani". Aunque Federico II aceptó de buen grado este nuevo enfoque, los inquisidores parecían al principio inseguros sobre el valor de las pruebas de un "infame".

Sólo en 1261, después de que Alejandro IV silenciara sus escrúpulos, que el nuevo principio se adoptó de forma generalizada, tanto en la teoría como en la práctica. Esta grave modificación parece haber sido defendida con el argumento de que los conventos heréticos tenían lugar en secreto y estaban envueltos en una gran oscuridad, por lo que la información fidedigna sólo podía obtenerse de ellos mismos. Incluso antes del establecimiento de la Inquisición, los nombres de los de los testigos se ocultaban a veces a la persona acusada, y este uso fue legalizado por Gregorio IX, Inocencio IV y Alejandro IV. Bonifacio VIII, sin embargo, lo dejó de lado por su bula "Ut commissi vobis officii" y ordenó que en todos los juicios, incluso los de carácter inquisitorial, los testigos debían ser nombrados ante el acusado. No había confrontación personal de los testigos, ni había contrainterrogatorio. Los testigos de la defensa casi nunca comparecían, ya que casi infaliblemente serían sospechosos de ser herejes o favorables a la herejía.

Por la misma razón, los acusados rara vez contaban con asesores legales, por lo que se veían obligados a responder personalmente a los puntos principales de la acusación. Esto, sin embargo, tampoco fue una innovación, ya que en 1205 Inocencio III, mediante la bula "Si adversus vos", prohibió toda ayuda legal a los herejes:

"Nosotros prohibimos estrictamente a vosotros, abogados y notarios, que ayudéis de cualquier manera, por consejo o apoyo, a todos herejes y a los que creen en ellos, se adhieren a ellos, les prestan cualquier ayuda o los defienden de cualquier manera". Pero esta severidad pronto se relajó, e incluso en la época de Eymerics parece haber sido la costumbre universal de conceder a los herejes un consejero legal, que, sin embargo, debía estar en todo libre de sospecha, "recto, de indudable lealtad, experto en derecho civil y canónico, y celoso de la fe".

Mientras tanto, incluso en aquellos duros tiempos, tales severidades legales se consideraban excesivas, y se intentaba mitigarlas de varias maneras para proteger los derechos naturales del acusado. En primer lugar, podía dar a conocer al juez los nombres de sus enemigos: si la acusación se originaba desde ellos, ésta quedaría anulada sin más.

Además, era indudablemente ventajoso para el acusado que los falsos testigos fueran castigados sin piedad.

El citado inquisidor, Bernard Gui, relata un caso de un padre que acusó falsamente a su hijo de herejía. La inocencia del hijo salió rápidamente a la luz, el falso acusador fue apresado y condenado a prisión de por vida (solam vitam ei ex misericordia relinquentes).

Además, fue puesto en la picota durante cinco domingos consecutivos ante la iglesia durante el servicio, con las manos atadas. El perjurio en aquella época se consideraba un enorme delito, sobre todo cuando lo cometía un falso testigo. Además, el acusado tenía una ventaja considerable en el hecho de que el inquisidor tenía que conducir el juicio en cooperación con el obispo diocesano o sus representantes, a quienes todos los documentos relacionados con el juicio debían ser remitidos.

Ambos, inquisidor y obispo, debían también de convocar y consultar a un número de hombres rectos y experimentados (boni viri), y decidir de acuerdo con su decisión (vota). Inocencio IV (11 de julio. 1254), Alejandro IV (15 de abril, 1255 y 27 de abril de 1260) y Urbano IV (2 de agosto de 1264) prescribieron estrictamente esta institución de boni viri, es decir, la consulta en casos difíciles de hombres experimentados, bien versados en teología y el derecho canónico, y en todo sentido irreprochable.

Los documentos del juicio les eran entregados en su totalidad, o se les proporcionaba al menos un resumen redactado por un notario público; también se les daba a conocer los nombres de los testigos, y su primer deber fue decidir si los testigos eran creíbles o no.

Los boni viri fueron convocados con mucha frecuencia. Treinta, cincuenta, ochenta o más personas, laicos y sacerdotes, seculares y regulares, eran convocados, todos ellos hombres muy respetados e independientes, y juraban individualmente dar su veredicto sobre los casos que se les presentaban según su conocimiento y creencia. Sustancialmente, siempre se les pedía que decidieran dos cuestiones: si había culpabilidad y cuál era, y qué castigo debía infligirse.

Para que no se vieran influenciados por consideraciones personales, el caso se les presentaba en cierto modo en abstracto, es decir, no se daba el nombre de la persona inculpada. Aunque, en sentido estricto, los boni viri sólo tenían derecho a un voto consultivo, el fallo final solía estar de acuerdo con ellos y, aunque su decisión fuera revisada, siempre iba en el sentido de la clemencia. La mitigación de los fallos era, en efecto, frecuente.

Los jueces también estaban asistidos por un consilium permanens, o consejo permanente, compuesto por otros jueces jurados. En estas disposiciones se encuentran seguramente las garantías más valiosas para el funcionamiento objetivo, imparcial y justo de los tribunales de la inquisición.

Aparte de la dirección de su propia defensa, el acusado disponía de otros medios legales para salvaguardar sus derechos: podía rechazar a un juez que hubiera mostrado prejuicios, y en cualquier etapa del juicio podía apelar a Roma. Eymeric permite deducir que en Aragón no eran raras las apelaciones a la Santa Sede.

Él mismo, como inquisidor, tuvo en una ocasión que ir a Roma a defender personalmente su propia posición, pero aconseja a otros inquisidores que no den ese paso, ya que lo consideraba un gasto de tiempo y dinero; es mejor, dice, juzgar el caso de tal manera que no se pueda ser más prudente. En caso de apelación, los documentos del caso se enviaban a Roma bajo sello, y Roma no sólo los examinaba, sino que daba el veredicto final. Aparentemente, las apelaciones a Roma eran muy favorables; se esperaba una sentencia más suave, o al menos se ganaría algo de tiempo.

Castigos

. . .

Ciertamente era costumbre conceder al acusado su libertad hasta el sermo generalis, si se le inculpaba tan fuertemente a través de testigos o de la confesión; no se le suponía culpable, aunque se le obligaba a prometer bajo juramento estar siempre dispuesto a presentarse ante el inquisidor, y al final aceptar de buen grado su sentencia, cualquiera que fuera su tenor.

El juramento era sin duda un arma terrible en manos del juez medieval.

Si el acusado lo cumplía, el juez se inclinaba favorablemente; en cambio, si lo violaba, su crédito empeoraba. Se sabía que muchas sectas repudiaban los juramentos por principio, por lo que la violación de un juramento hacía que el culpable incurriera fácilmente en la sospecha de herejía. Además del juramento, el inquisidor podía asegurarse exigiendo una suma de dinero como fianza, o fiadores de confianza que se comprometieran a avalar al acusado. También ocurría que los fiadores se comprometían bajo juramento a entregar al acusado "vivo o muerto". Tal vez fuera desagradable vivir bajo la carga de semejante obligación, pero, en todo caso, era más soportable que esperar el veredicto final en un rígido confinamiento durante meses o más.

Curiosamente, la tortura no se consideraba un modo de castigo, sino simplemente un medio para obtener la verdad. No era de origen eclesiástico, y durante mucho tiempo estuvo prohibida en los tribunales eclesiásticos. Tampoco fue originalmente un factor importante en el procedimiento inquisitivo, siendo que no se autorizó hasta veinte años después del inicio de la Inquisición.

Fue autorizado por primera vez por Inocencio IV en su bula "Ad exstirpanda" del 15 de mayo de 1252, que fue confirmada por Alejandro IV el 30 de noviembre de 1259 y por Clemente IV el 3 de noviembre de 1265.

La tortura se limitaba a citra membri diminutionem et mortis periculum, es decir, no debía causar la pérdida de la vida o de un miembro o poner en peligro la vida.

La tortura debía aplicarse sólo una vez, y no entonces, a menos que el acusado fuera incierto en sus declaraciones, y pareciera ya virtualmente condenado por múltiples pruebas de peso. En general, este testimonio violento (quaestio) debía ser aplazado el mayor tiempo posible, y sólo se permitía recurrir a él cuando se habían agotado todos los demás medios.

Los jueces concienzudos y sensatos no daban gran importancia a las confesiones obtenidas por medio de la tortura.

Después de una larga experiencia, Eymeric declaró: "la tortura es engañosa e ineficaz". Si esta legislación papal se hubiera cumplido en la práctica, el historiador de la Inquisición tendría menos dificultades para satisfacer.

Al principio, la tortura se consideraba tan odiosa que se prohibía a los clérigos estar presentes, bajo pena de irregularidad. A veces había que interrumpirla para que el inquisidor pudiera continuar su examen, que, por supuesto, conllevaba numerosos inconvenientes. Por ello, el 27 de abril de 1260, Alejandro IV autorizó a los inquisidores a absolverse de esta irregularidad. Urbano IV, el 2 de agosto de 1262, renovó el permiso, y esto pronto se interpretó como una licencia formal para continuar el examen en la propia cámara de tortura.

Los manuales de los inquisidores anotaron y aprobaron fielmente este uso. La regla general era que se debía recurrir a la tortura sólo una vez. Pero a veces se eludía esta norma, en primer lugar, suponiendo que con cada nueva prueba se podía utilizar de nuevo el potro, y en segundo lugar, imponiendo los tormentos a la pobre víctima (a menudo en días diferentes), no a modo de repetición, sino como una continuación (non ad modum iterationis sed continuationis).

Pero, ¿qué había que hacer cuando el acusado, liberado del potro, negaba lo que acababa de confesar?

. . .

Algunos sostenían con Eymeric que el acusado debía ser puesto en libertad; otros, sin embargo, como el autor del "Sacro Arsenale", sostenían que la tortura debía continuar, porque el acusado se había incriminado demasiado con su confesión anterior. Cuando Clemente V formuló su reglamento para el empleo de la tortura, nunca imaginó que eventualmente incluso los testigos serían sometidos al potro de tortura, aunque no se tratara de su culpabilidad, sino de la del acusado.

Del silencio de los Papas se concluyó que un testigo podía ser puesto en el potro a discreción del inquisidor. Además, si el acusado era condenado a través de testigos, o se había declarado culpable, la tortura podía seguir utilizándose para obligarle a testificar contra sus amigos y compañeros culpables. Se opondría a toda equidad divina y humana infligir la tortura a menos que el juez estuviera personalmente persuadido de la culpabilidad del acusado.

Pero una de las dificultades del procedimiento es por qué se utilizó la tortura como medio para conocer la verdad. Por un lado, la tortura se mantuvo hasta que el acusado confesó o dio a entender que estaba dispuesto a confesar.

Por otro lado, no se deseaba, y de hecho no era posible, considerar como libremente hecha una confesión arrancada por la tortura.

De inmediato se hace evidente la poca confianza que se puede tener en la afirmación tan repetida en los juicios, "confessionem esse veram, non factam vi tormentorum" (la confesión fue verdadera y libre), aunque uno no hubiera leído ocasionalmente en las páginas anteriores que, tras ser bajado del potro (postquam depositus fuit de tormento), confesó libremente esto o aquello.

Sin embargo, no tiene mayor importancia decir que la tortura rara vez se menciona en las actas de los juicios de la inquisición - sólo una vez, por ejemplo, en 636 condenas entre 1309 y 1323; esto no demuestra que la tortura se aplicara raramente. Dado que la tortura se infligía originalmente fuera de la sala del tribunal por funcionarios legos, y puesto que sólo la confesión voluntaria era válida ante los jueces no hubo ocasión de mencionar en los registros el hecho de la tortura.

Por otra parte, es históricamente cierto que los Papas no sólo sostuvieron siempre que la tortura no debía poner en peligro la vida o sino que también trataron de abolir los abusos particularmente graves, cuando los conocieron.

Así, Clemente V ordenó que los inquisidores no aplicaran la tortura sin el consentimiento del obispo diocesano.

A partir de mediados del siglo XIII, no renegaron del principio mismo, y, como sus como sus restricciones al uso de la tortura no siempre fueron atendidas, su severidad, aunque exagerada, fue en muchos casos extrema.

En 1286, los cónsules de Carcassonne se quejaron ante el Papa, el rey de Francia y los vicarios del obispo local contra el inquisidor Jean Garland, a quien acusaron de infligir torturas de manera absolutamente inhumana, y esta acusación no fue aislada.

El caso de Savonarola nunca se ha aclarado del todo a este respecto. El informe oficial dice que tuvo que sufrir tres y medio tratti da fune (una especie de strappado).

Cuando Alejandro VI mostró su descontento con los retrasos del juicio, el gobierno florentino se excusó alegando que Savonarola era un hombre de extraordinaria robustez y resistencia, y que había sido vigorosamente torturado durante muchos días, pero con poco efecto.

. . .

Es de notar que la tortura se utilizó más cruelmente, donde los inquisidores estaban más expuestos a la presión de la autoridad civil. Federico II, aunque siempre se jactó de su celo por la pureza de la Fe, abusó tanto del potro como de la Inquisición para quitar de en medio a sus enemigos personales. La trágica ruina de los Templarios se atribuye al abuso de la tortura por parte de Felipe el Hermoso y sus secuaces. En París, por ejemplo, treinta y seis templarios, y en Sens veinticinco, murieron como resultado de la tortura. La beata Juana de Arco no podría haber sido enviada a la hoguera como hereje y recalcitrante, si sus jueces no hubieran sido instrumentos de la política inglesa. Y los excesos de la Inquisición española se deben en gran medida a que en su administración los fines civiles eclipsaron a los eclesiásticos.

Todo lector de la "Cautio criminalis" del jesuita Padre Friedrich Spee sabe a quién hay que atribuir principalmente los horrores de los juicios por brujería. La mayoría de los castigos propiamente inquisitoriales no eran inhumanos, ni por su naturaleza o por la forma de infligirlos. La mayoría de las veces se ordenaban ciertas obras buenas, por ejemplo, la construcción de una iglesia, la visita a una iglesia, una peregrinación más o menos lejana, la ofrenda de una vela o un cáliz, la participación en una cruzada, etc. Otras obras tenían más bien el carácter de castigos reales y hasta cierto punto degradantes, por ejemplo, las multas, cuya recaudación se destinaba a fines públicos como la construcción de iglesias, caminos y similares; la flagelación con varas durante el servicio religioso; la picota; el uso de cruces de colores, etc.

Las penas más duras eran el encarcelamiento en sus diversos grados, la exclusión de la comunión de la Iglesia, y la consiguiente entrega al poder civil. "Cum ecclesia" era la expresión habitual, "ultra non habeat quod faciat pro suis demeritis contra ipsum, idcirco, eundum reliquimus brachio et iudicio saeculari", es decir, como la Iglesia no puede castigar más sus sus fechorías, lo deja en manos de la autoridad civil.

Naturalmente, el castigo como sanción legal es siempre algo duro y doloroso, ya sea decretado por la justicia civil o eclesiástica. Sin embargo, siempre hay una distinción esencial entre el castigo civil y el eclesiástico. Mientras que el castigo infligido por la autoridad secular tiene como objetivo principal castigar la violación de la ley, la Iglesia busca principalmente la corrección del delincuente.

Las órdenes de la Santa Misa los domingos y días festivos, de frecuentar los servicios religiosos, de abstenerse de los trabajos manuales, de comulgar en las principales fiestas del año, de abstenerse de la adivinación y de la usura, etc. usura, etc., pueden ser eficaces como ayudas para el cumplimiento de los deberes cristianos. Además, al inquisidor le corresponde considerar no sólo la sanción externa, sino también el cambio interior del corazón, su sentencia perdió la rigidez cuasi-mecánica, tan característica de la condena civil.

Adicionalmente, las penas incurridas fueron remitidas, mitigadas o conmutadas en numerosas ocasiones.

En las actas de la Inquisición se lee con mucha frecuencia que, debido a la edad avanzada, la enfermedad o la pobreza de la familia, la pena debida se redujo materialmente debido a la pura piedad del inquisidor, o a la petición de un buen católico. La prisión de por vida se cambiaba por una multa, y ésta por una limosna; la participación en una cruzada se conmutaba por una peregrinación, mientras que una peregrinación lejana y costosa se convertía en una visita a un santuario o iglesia vecina, y así sucesivamente. Si se abusaba de la clemencia del inquisidor, éste estaba autorizado a revivir íntegramente el castigo original.

En general, la Inquisición era conducida humanamente. Así, leemos que un hijo obtenía la libertad de su padre con sólo pedirla, sin alegar ninguna razón especial. La licencia para dejar de restituir durante tres semanas, tres meses o un período ilimitado -por ejemplo, hasta la recuperación o el fallecimiento de los padres enfermos no era infrecuente. La propia Roma censuraba a los inquisidores o los destituía porque eran demasiado duros, pero nunca porque fueran demasiado misericordiosos.

El encarcelamiento no siempre se consideraba un castigo en el sentido propio: se consideraba más bien como una oportunidad para el arrepentimiento, una prevención contra la reincidencia o la infección de otros. Se conocía como inmuración (del latín murus, un muro), o encarcelamiento, y se infligía por tiempo definido o de por vida. La inmersión de por vida era el destino de aquellos que no habían aprovechado el mencionado plazo de gracia, o quizás se habían retractado sólo por miedo a la muerte, o habían abjurado una vez de la herejía. El murus strictus seu arctus, o carcer strictissimus, implicaba un confinamiento estrecho y solitario, ocasionalmente agravado por el ayuno o las cadenas. En la práctica, sin embargo, estas normas no siempre se aplicaban literalmente. Leemos que las personas inmersas recibían visitas con bastante libertad, jugando o cenando con sus carceleros. Por otra parte, a veces se consideraba insuficiente el confinamiento solitario, y entonces se ponían grilletes o se encadenaban a la pared de la prisión.

. . .

Los miembros de una orden religiosa, cuando eran condenados de por vida, eran inmersos en su propio convento y ni siquiera se les permitía hablar con nadie de su fraternidad.

La mazmorra o celda era llamada eufemísticamente "In Pace"; era, en efecto, la tumba de un hombre enterrado vivo. Se consideró un favor notable cuando, en 1330, gracias a los buenos oficios del arzobispo de de Toulouse, el rey francés permitió a un dignatario de cierta orden visitar el "In Pace" de los hermanos encarcelados, contra lo que los dominicos protestaron infructuosamente ante Clemente VI.

Aunque se ordenó que las celdas de la prisión se mantuvieran de tal manera que que no pusieran en peligro ni la vida ni la salud de los ocupantes, su estado real era a veces deplorable. En algunas celdas los desafortunados estaban atados con cepos o cadenas, sin poder moverse, y obligados a dormir en el suelo... La limpieza era escasa. En algunos casos no había luz ni ventilación, y la comida era escasa y muy pobre.

En ocasiones, los Papas tuvieron que poner fin, a través de sus legados, a condiciones igualmente atroces. Tras inspeccionar las cárceles de Carcasona y Albi en 1306, los legados Pierre de la Chapelle y Béranger de Frédol despidieron al alcaide, quitaron las cadenas a los cautivos y rescataron a algunos de sus mazmorras subterráneas.

El obispo local debía proporcionar alimentos suficientes a los prisioneros. Para aquellos condenados a un confinamiento estrecho, la alimentación era apenas más que pan y agua. Sin embargo, no pasó mucho tiempo antes de que a los prisioneros se les permitieran otras vituallas, como vino y dinero también del exterior, lo que pronto se toleró en general.

Oficialmente, no era la Iglesia la que condenaba a muerte a los herejes impenitentes, más concretamente a la hoguera. Como legado de la Iglesia romana, incluso Gregorio IV nunca fue más allá de las ordenanzas penales de Inocencio III, ni nunca infligió un castigo más severo que la excomunión.

Hasta cuatro años después del comienzo de su pontificado no admitió la opinión, que entonces prevalecía entre los legistas, de que la herejía debía ser castigada con la muerte, viendo que no era un delito menos grave que la alta traición. Sin embargo, siguió insistiendo en el derecho exclusivo de la Iglesia a decidir de manera auténtica en materia de herejía; al mismo tiempo, no era su oficio pronunciar la sentencia de muerte.

. . .

La Iglesia, a partir de entonces, expulsó de su seno al hereje impenitente, con lo que el Estado asumió el deber de su castigo temporal. Federico II era de la misma opinión; en su Constitución de 1224 dice que los herejes condenados por un tribunal eclesiástico sufrirán, por autoridad imperial, la muerte en la hoguera (auctoritate nostra ignis iudicio concremandos), y de manera similar en 1233 "praesentis nostrae legis edicto damnatos mortem pati decernimus". De este modo, se puede considerar que Gregorio IX no tuvo ninguna participación directa o indirecta en la muerte de los herejes condenados.

No así los sucesivos Papas. En la bula "Ad exstirpanda" (1252), Inocencio IV dice: cuando los declarados culpables de herejía han sido entregados al poder civil por el obispo o o su representante, o la Inquisición, el podestá o magistrado principal de la ciudad los tomará inmediatamente y, en un plazo máximo de cinco días, ejecutará las leyes dictadas contra ellos.

Además, ordena que esta bula y los reglamentos correspondientes de Federico II se inscriban en cada ciudad entre los estatutos municipales bajo pena de excomunión, que también se aplicó a los que no ejecutaron tanto los decretos papales como los imperiales.

. . .

Tampoco se podía dudar de las normas civiles, ya que los pasajes que ordenaban la quema de los herejes impenitentes fueron insertados en los decretos papales desde las constituciones imperiales "Commissis nobis" y "Inconsutibilem tunicam".

La citada bula "Ad exstirpanda" siguió siendo documento fundamental de la Inquisición, renovado o reforzado por varios Papas: Alejandro IV (1254-61), Clemente IV (1265-68), Nicolás IV (1288-02), Bonifacio VIII (1294-1303) y otros. Las autoridades civiles, por lo tanto, fueron obligadas por los Papas, bajo pena de excomunión, a ejecutar las sentencias legales que condenaban a los herejes impenitentes a la hoguera. Hay que tener en cuenta que la excomunión en sí misma no era una nimiedad, ya que, si la persona excomulgada no se liberaba de la excomunión en el plazo de un año, era considerado un hereje por la legislación de la época, e incurría en todas las penas que afectaban a la herejía.

7

La Inquisición en España

Unas condiciones religiosas similares a las del sur de Francia provocaron el establecimiento de la Inquisición en el vecino Reino de Aragón. Ya en 1226 el rey Jaime I había prohibido a los cataristas su reino, y en 1228 los había declarado ilegales tanto a ellos como a sus amigos. Un poco más tarde, por consejo de su confesor, Raimundo de Pennafort, pidió a Gregorio IX que estableciera la Inquisición en Aragón.

Por la bula "Declinante jam mundi" del 26 de mayo de 1232, el arzobispo Esparrago y sus sufragáneos fueron instruidos para buscar, ya sea personalmente o alistando a través de los dominicos u otros agentes apropiados, y castigar condignamente a los herejes en sus diócesis.

En el Concilio de Lérida de 1237, la Inquisición fue confiada formalmente a los dominicos y franciscanos.

. . .

En el Sínodo de Tarragona de 1242, Raymund de Pennafort definió los términos haereticus, receptor, fautor, defensor, etc., y esbozó las penas que debían imponerse.

Aunque las ordenanzas de Inocencio IV, Urbano IV y Clemente VI también fueron adoptadas y ejecutadas con rigor por la Orden de los Dominicos, no tuvieron un éxito sorprendente. El inquisidor Fray Pence de Planes fue envenenado, y Bernardo Travasser obtuvo la corona del martirio a manos de los herejes.

El inquisidor más conocido de Aragón es el dominico Nicolás Eymeric. Su "Directorium Inquisitionis" (escrito en 1376, impreso en Roma en 1587, en Venecia en 1595 y en 1607), basado en cuarenta y cuatro años de experiencia, es una fuente original y experiencia, es una fuente original y un documento del más alto valor histórico.

La Inquisición española, sin embargo, comienza propiamente con el reinado de Fernando el Católico e Isabel. La fe católica estaba entonces en peligro por los pseudo conversos del judaísmo (marranos) y del mahometanismo (moriscos). El 1 de noviembre de 1478, Sixto IV autoriza a los soberanos católicos a crear la Inquisición. Los jueces debían tener al menos cuarenta años, ser de reputación intachable, distinguidos por su virtud y sabiduría, maestros en teología, o doctores o licenciados en derecho canónico, y debían seguir las normas y reglamentos eclesiásticos habituales.

El 17 de septiembre de 1480, Sus Majestades Católicas nombraron, en principio para Sevilla, a los dos dominicos Miguel de Morillo y Juan de San Martín como inquisidores, con dos asistentes del clero secular. En poco tiempo llegaron a Roma quejas de graves abusos, que estaban muy bien fundadas. En un Breve de Sixto IV del 29 de enero de 1482, se les culpaba de haber, con la supuesta autoridad de los Breves papales, encarcelaron injustamente a muchas personas, las sometieron a crueles torturas, haberlos declarado falsos creyentes y haber confiscado los bienes de los ejecutados.

Al principio fueron amonestados a actuar sólo en conjunto con los obispos, y finalmente fueron amenazados con deposición, y de hecho habrían sido depuestos si Sus Majestades no hubieran intercedido por ellos.

Fray Tomás Torquemada (nacido en Valladolid en 1420, muerto en Ávila el 16 de septiembre de 1498) fue el verdadero organizador de la Inquisición española. A petición de sus Majestades de España, Sixto IV otorgó a Torquemada el cargo de gran inquisidor, cuya institución indica un decidido avance en el desarrollo de la Inquisición española. Inocencio VIII aprobó el acto de su predecesor, y bajo fecha de 11 de febrero de 1486 y 6 de febrero 1487, Torquemada recibió la dignidad de gran inquisidor para los reinos de Castilla, León, Aragón, Valencia, etc. La institución se ramificó rápidamente desde Sevilla a Córdoba, Jaén, Villareal, y Toledo. Hacia 1538 había diecinueve tribunales, a los que posteriormente se añadieron tres en América española (México, Lima y Cartagena).

Los intentos de introducirla en Italia fracasaron, y de establecerla en los Países Bajos tuvo consecuencias desastrosas para la madre patria.

En España, sin embargo, siguió funcionando hasta el siglo XIX. En un principio, se creó contra el judaísmo secreto y el islamismo secreto, y en el siglo XVI sirvió para rechazar el protestantismo, pero fue incapaz de expulsar el racionalismo francés y la inmoralidad del siglo XVIII.

El rey José Bonaparte la derogó en 1808, pero fue reintroducida por Fernando VII en 1814 y aprobada por Pío VII con ciertas condiciones, entre otras la abolición de la tortura. Fue definitivamente abolida por la Revolución de 1820.

Organización

A la cabeza de la Inquisición, conocida como el Santo Oficio, estaba el gran inquisidor, nombrado por el rey y confirmado por el Papa. En virtud de sus credenciales papales, tenía autoridad para delegar sus poderes en otras personas adecuadas, y recibía las apelaciones de todos los tribunales españoles.

El Consejo Supremo estaba formado por cinco miembros, los llamados inquisidores apostólicos, dos inquisidores apostólicos, dos secretarios, dos relatores, un advocatus fiscalis y varios consultores y calificadores.

Los funcionarios del tribunal supremo eran nombrados por el gran inquisidor, previa consulta con el rey. El primero también podía nombrar, trasladar, destituir de su cargo, visitar e inspeccionar o pedir cuentas a todos los inquisidores y funcionarios de los tribunales inferiores.

. . .

Felipe III, el 16 de diciembre de 1618, concedió a los dominicos el privilegio de que un miembro de su orden participara permanentemente en el Consejo Supremo.

Todo el poder se concentró realmente en este tribunal supremo. Decidía las cuestiones importantes o controvertidas, y escuchaba las apelaciones; sin su aprobación, ningún sacerdote, caballero o noble podía ser encarcelado, ni se podía celebrar un auto-da-fé.

Todos estaban sometidos a ella, sin exceptuar a los sacerdotes, los obispos e incluso el soberano.

La Inquisición española se distingue de la medieval por su constitución monárquica y una mayor centralización consecuente, como también por la influencia constante y legalmente prevista de la corona en todos los nombramientos oficiales y en el desarrollo de los juicios.

El procedimiento

El procedimiento, por otra parte, era sustancialmente el mismo que el ya descrito. También aquí se concedía invariablemente un "plazo de gracia" de treinta a cuarenta días, que a menudo se prolongaba. El encarcelamiento sólo se producía cuando se alcanzaba la unanimidad o se probaba el delito. El examen del acusado sólo podía realizarse en presencia de dos sacerdotes desinteresados, cuya obligación era impedir cualquier acto arbitrario en su presencia. El protocolo debía ser leído dos veces al acusado. La defensa estaba siempre en manos de un abogado.

Los testigos, aunque desconocidos para el acusado, eran jurados, y a los falsos testigos les esperaban penas muy severas, incluso la muerte. La tortura se aplicaba con demasiada frecuencia y cruelmente, pero ciertamente no más cruel que bajo el sistema de tortura judicial de Carlos V en Alemania.

Análisis histórico

La Inquisición española no merece ni las exageradas alabanzas ni los igualmente exagerados vilipendios que a menudo se le otorgan. El número de víctimas no puede calcularse con una exactitud siquiera aproximada; los tan denostados autos-da-fé no eran en realidad más que una ceremonia religiosa (actus fidei); el sambenito tiene su contrapartida con ropajes similares en otros lugares; la crueldad de San Pedro Arbues, a quien no se le puede atribuir con certeza ni una sola sentencia de muerte, pertenece a los de la fábula. Sin embargo, la naturaleza eclesiástica predominante de la institución difícilmente puede ser de dudar. La Santa Sede sancionó la institución, concedió al gran inquisidor la instalación canónica y con ello la autoridad judicial en materia de fe, mientras que el gran inquisidor tenía a los tribunales subsidiarios bajo su control. Joseph de Maistre introdujo la tesis de que la Inquisición española era sobre todo un tribunal civil; antes, sin embargo, los teólogos nunca cuestionaron su naturaleza eclesiástica. Sólo así, en efecto, se puede explicar cómo los Papas siempre admitieron las apelaciones de ella a la Santa Sede, llamaron a juicios enteros y que, en cualquier etapa del procedimiento, eximieron a clases enteras de creyentes de su jurisdicción, intervinieron en la legislación, depusieron a los grandes inquisidores, etc.

El Santo Oficio en Roma

La gran apostasía del siglo XVI, la filtración de la herejía en tierras católicas y el progreso de las enseñanzas heterodoxas en todas partes impulsó a Pablo III a establecer la "Sacra Congregatio Romanae et universalis Inquisitionis seu sancti officii" por la Constitución "Licet ab initio" del 21 de julio de 1542. Este tribunal inquisitorial, compuesto por seis cardenales, debía ser a la vez el último tribunal de apelación para los juicios relativos a la fe, y el tribunal de primera instancia para los casos reservado al Papa.

Los Papas que se sucedieron, especialmente Pío IV (por las Constituciones "Pastoralis Oficii" del 14 de octubre de 1562, "Romanus Pontifex" del 7 de abril de 1563, "Cum nos per" de 1564, "Cum inter crimina" de 27 de agosto de 1562) y Pío V (por un Decreto de 1566, la Constitución "Inter multiplices" de 21 de diciembre de 1566, y "Cum felicis record." de 1566) dispuso además el procedimiento y la competencia de este tribunal. Por su Constitución "Immensa aeterni" del 23 de enero de 1587, Sixto V se convirtió en el verdadero organizador, o más bien reorganizador de esta congregación.

El Santo Oficio es el primero entre las congregaciones romanas. Su personal incluye jueces, funcionarios, consultores y calificadores. Los verdaderos jueces son cardenales nombrados por el Papa, cuyo número original de seis fue elevado por Pío IV a ocho y por Sixto V a trece. Su número real depende del Papa reinante. Esta Congregación se diferencia de las demás en que no tiene cardenal prefecto: el Papa siempre preside en persona cuando hay que anunciar decisiones trascendentales (coram Sanctissimo).

. . .

La sesión plenaria solemne de los jueves está siempre precedida por una sesión de los cardenales los miércoles, en la iglesia de Santa Maria sopra Minerva, y una reunión de los consultores los lunes en el palacio del Santo Oficio. El más alto funcionario es el commissarius sancti oficii, un dominico de la provincia de Lombardía, al que se asignan dos coadjutores de la misma orden. Él actúa como juez propio a lo largo de todo el caso hasta la sesión plenaria exclusiva. El asesor sancti officii, siempre un miembro del clero secular, preside las sesiones plenarias. El promotor fiscalis es a la vez fiscal y representante fiscal, mientras que el advocatus reorum se encarga de la defensa del acusado.

Los consultores tienen la función de asesorar a los cardenales. Pueden proceder del clero secular o de los religiosos, pero el general de los dominicos, el magister sacri palatii, y un tercer miembro de la misma orden son siempre consultores de oficio (consultores nati). Los calificadores son nombrados de por vida, pero sólo dan su opinión cuando son llamados. El Santo Oficio tiene jurisdicción sobre todos los cristianos y, según Pío IV, incluso sobre los cardenales. Sin embargo, estos últimos están exentos.

8

Los infames métodos de tortura

La tortura no se convirtió en una práctica habitual durante la Edad Media (500-1500 d.C.) hasta la Inquisición Medieval. A partir de entonces, la tortura se convirtió en una herramienta habitual de castigo y confesión. La Inquisición medieval no fue una sola Inquisición, sino una serie de Inquisiciones bien conocidas, como la española y la romana. La Inquisición fue inicialmente una respuesta a los herejes que desafiaban a la iglesia. Uno de los grupos más famosos de herejes de la Edad Media son los cátaros del sur de Francia.

La iglesia se sentía amenazada y sabía que era necesaria una acción inmediata y dura.

. . .

Después de algunos intentos fallidos de Inquisiciones, el Papa Inocencio IV implementó una bula papal titulada Ad extirpanda, que permitía el uso de la tortura en la confesión y el castigo de aquellos que se creía que estaban en contra de la Iglesia.

En contra de la creencia popular, la tortura tenía algunas pautas. Se suponía que el acusado sólo podía ser torturado una sola vez, aunque a menudo se torturaba por segunda y tercera vez y esas sesiones se consideraban una continuación de la primera. También se consideraba ilegal cualquier tortura que provocara la muerte, el parto o la mutilación, pues se consideraban como algo ilegal, aunque esta ley no se vigilaba en absoluto y muchos dispositivos de tortura estaban diseñados para hacer precisamente esas cosas.

Antes de que se pudiera llevar a cabo cualquier tipo de tortura, tenía que haber una investigación seguida de un juicio. Los inquisidores llegaban a la ciudad para eliminar a los que parecían ser herejes. La asistencia no era obligatoria, pero los que no asistían parecían automáticamente sospechosos, así que cualquiera que quisiera evitar un juicio y un castigo estaría en la mira.

. . .

La gente tenía entonces la oportunidad de hablar libremente de sus pecados y aunque el castigo se aplicaba a los que confesaban, era mejor que la tortura que recibían los acusados de mentir u ocultar información.

A los que confesaban a veces se les dejaba ir si daban información sobre otros herejes en la ciudad a los inquisidores. Incluso los que no eran acusados se enorgullecían de informar a los inquisidores sobre los herejes, ya que les hacía parecer buenos y justos. Después de reunir toda esta información, y de reunir a todos, se iniciaba el juicio.

El proceso del juicio era muy injusto para los acusados y casi siempre favorecía al bando de la Iglesia. El único derecho que tenía el acusado era nombrar a cualquier persona del pueblo que tuviera un profundo odio contra él. Si esto resultaba cierto, a menudo se dejaba en libertad a los acusados y se condenaba a los que los habían acusado injustamente a vida en la cárcel. O bien, que nombrar a alguien que tenía un rencor contra ellos, lo mejor que un acusado podía hacer era testificar plenamente, a menudo hasta el punto de mentir si eran inocentes para evitar un duro castigo.

Otra práctica injusta que hacía casi imposible la inocencia era la aceptación de pruebas de casi cualquiera, incluso criminales convictos y herejes conocidos podían testificar contra el acusado. Los inquisidores hacían todo lo posible para asegurarse de que hubiera muchos herejes culpables.

Algunos de los métodos de tortura más comunes eran el strappado, el burro y el potro, sólo por nombrar algunos. El strappado era una forma horrible de castigo también conocida como ahorcamiento invertido. Los brazos de la víctima eran atados a la espalda y luego eran levantados por una cuerda o por una polea. Por lo general, los hombros de la víctima se dislocan y, para intensificar el dolor, a veces se atan pesas a los tobillos.

El burro, o caballo de madera, era un triángulo anguloso bastante pronunciado. La víctima era obligada a sentarse a horcajadas y a veces a tumbarse. A continuación, se añadían pesos a las manos y a los pies. Un dispositivo de tortura similar, la Silla de Judas, tenía forma de triángulo con una punta muy afilada. La víctima se colocaba encima del triángulo, y lo que es peor, la punta se apuñalaba el ano, la vagina o el escroto.

Al igual que la otra versión se añadían pesos, y muchos quedaban con las zonas genitales gravemente lesionadas, y a menudo deformadas.

. . .

El potro de tortura, quizás el método de tortura más conocido de todos los tiempos, era muy común para aquellos herejes, o sospechosos de las peores ofensas a la Iglesia. El potro consistía en cuatro o cinco pilares rodantes dentro de un marco, y cuerdas que podían tensarse cuando los pilares se enrollaban en direcciones opuestas. La víctima se ataba al potro por las muñecas y los tobillos y las cuerdas se tensaban lentamente. Eventualmente los brazos y las piernas se dislocarían, los ligamentos se romperían y los huesos se romperían.

Era un método tan horrible que los herejes culpables eran obligados a ver a otros en el potro, haciéndolos confesar más rápido.

Uno de los peores aspectos del potro eran los sonidos, el estallido y la rotura de varios tejidos, huesos y fibras y fibras mezclado con los gritos de agonía era una pesadilla.

A menudo las víctimas nunca se recuperaban del todo, ya que sus tejidos estaban sobreexplotados, perdiendo toda la capacidad de contraerse de nuevo y de curarse.

También se utilizaban muchos otros métodos pequeños, aunque muchos dejaban tanto daño como los dispositivos más grandes. La pera de la angustia era un dispositivo mutilador que se introducía por el ano, la vagina o la garganta. La pera de la angustia consistía en cuatro cuchillas afiladas que se agrupaban en forma de pera, se introducía y luego un botón liberaba las cuchillas, haciendo que se expandieran desgarrando así el tejido blando de los orificios. Muchos morían de la pera de la angustia por desangrarse o por no poder respirar en el caso de la versión oral. Otro pequeño y doloroso aparato era el desgarrador de pechos o ripper, algo que hacía exactamente lo que suena, arrancar pedazos del pecho de la mujer.

Un dispositivo reservado para los hombres, y sólo para los regicidas, era la tijera de cocodrilo. Era un tubo largo con un centro hueco, fue modelado como el cocodrilo con una mandíbula como extremo con dientes afilados de metal.

El dispositivo se calentaba y luego se colocaba sobre un pene erecto, la mandíbula se cerraba, quemando, desgarrando y a veces arrancando el pene.

La mayor parte de las torturas se realizaban en mazmorras o prisiones subterráneas secretas, pues no era una tendencia comúnmente conocida en Europa durante la

Inquisición. Había otras formas de tortura, como la tortura psicológica o la violación, el método de tortura más utilizado en las mujeres. En Europa la tortura se siguió utilizando hasta 1700, y para entonces innumerables víctimas inocentes habían sido mutiladas, asesinadas o dañadas mentalmente por las Inquisiciones medievales.

El examen de la tortura en una época tan oscura de la historia muestra lo ingenua que era la gente y lo dispuesta que estaba a escuchar y acatar las reglas de las iglesias. Por suerte, los ciudadanos modernos de Europa pueden expresar sus opiniones sin preocuparse de si serán estirados en el potro o mutilados.

9

El protestantismo, el mayor enemigo

La Inquisición se enfrentó a su mayor enemigo herético de todos los tiempos: el protestantismo. Al mismo tiempo que las inquisiciones azotaban contra musulmanes y judíos herejes, la amenaza entró a la historia: en 1517, un sacerdote alemán llamado Martín Lutero dejó su tratado las 95 tesis a las puertas del templo de Wittenberg, el cual era un ataque directo a la Iglesia católica. Una de las frases de Lutero en su carta al papa León X dice: "No es cierto que bajo el vasto cielo no existe algo más corrupto. ¿No es cierto que bajo el vasto cielo no existe nada más corrupto, más pestilente... y más odioso que la corte romana (Iglesia católica)? La que una vez tuvo las llaves del cielo, ahora es una especie de boca abierta hacia el infierno". Provocadoras palabras.

Las ideas luteranas llegan a España

. . .

La reforma protestante llegó a España. Con sus importantes vías marítimas de comercio era propicio para que pronto las ideas de estas corrientes llegaran a la península ibérica. Lutero había expandido su pensamiento reformador que, entre otras cosas, consideraba que las indulgencias eran un engaño, pues podían ser compradas, la renuncia al voto de celibato y desde luego su desobediencia al papa. Así se acumulaban diversas "piedras al morral" que ocasionaron su persecución.

En esa misma línea, el pensamiento de Erasmo de Róterdam (1466-1536) también fue de gran influencia en España.

Y pese a su cercanía con Carlos I, su temática religiosa en medio de Roma y los reformadores como Lutero lo hizo ganarse enemigos que seguían ambas corrientes. Entre otras cosas, Erasmo rechazaba las formas externas de culto, como las imágenes sagradas.

En la península ibérica hizo eco en los españoles que se convirtieron al luteranismo y que salieron del país, el cual estaba abrazado por la fe católica. Los libros reformistas se consideraban un peligro, por eso en 1521, el inquisidor general Adriano de Utrecht ordenó la confiscación de volúmenes que viajeros españoles introducían de contrabando. Muchos de ellos bajo el abrigo de la Reforma en los Países Bajos.

En 1529 se procesó al cordobés Diego de Uceda acusado de propagar ideas de Erasmo de Róterdam y Martín Lutero. Entre españoles repatriados se encontraba el luteranista Francisco de San Román, quien fue detenido en Alemania y trasladado a Valladolid, donde murió en la hoguera en 1542 junto con sus hijos y nietos. En 1577, dos grupos independientes de adinerados protestantes convertidos fueron descubiertos y arrestados en Sevilla y Valladolid. Estas aprehensiones de finales de 1550 fueron terribles para la administración inquisitorial y para el gobierno real, puesto que muchos sospechosos ocupaban altos cargos en la burocracia. Esto causó oleadas de pánico para el papa católico.

El rey español Carlos V, que había dedicado los últimos 30 años de su vida a la lucha contra el protestantismo en Alemania, exigía una purga rápida y despiadada. Su aliado, el papa Pablo IV, volcó todo el poder de Roma en su ataque contra el protestantismo y emitió una bula papal en la que permitía ejecutar a los ofensores que cometieran un crimen por primera vez incluso a los que se arrepentían.

. . .

Esta es la única vez en toda la historia de las inquisiciones española, romana o portuguesa que los acusados por primera vez admitían estar arrepentidos de sus errores doctrinales; no obstante eran igualmente condenados a muerte. Este cruel método llegó a todas las ciudades de España, donde fueron quemados en las hogueras sacerdotes, monjas, soldados ingleses e incluso tres niños que murieron junto con sus madres.

En poco más de tres años, tras el descubrimiento del protestantismo en España, esta doctrina se había eliminado por completo. Nunca reaparecieron. España se caracterizaba por no tener protestantes.

Sin embargo, el luteranismo español se acentuó en Valladolid y Sevilla en 1558 con personajes como el noble Juan Gil y el canónigo Constantino Ponce de la Fuente, dos figuras fuertes del protestantismo que fueron llevadas a proceso entre 1559 y 1560. Igual suerte corrió el predicador Agustín Cazalla, quien tenía el afecto de Carlos V, y el soldado Carlos de Seso, en autos de fe celebrados en 1559.

Miguel Servet y la negación del bautismo

. . .

De esta etapa se puede destacar al español Miguel Servet, quien hizo grandes aportaciones a las matemáticas, la medicina y la anatomía, pero debido a sus ideas consideradas heréticas por participar en la reforma protestante fue llevado a la hoguera. En 1531 publicó el libro De los errores acerca de la Trinidad, en el que niega ese dogma cristiano y lo tacha de "diabólico", pero la Restitución del Cristianismo (1546) fue el que lo llevó a ser perseguido por el Santo Oficio al plantear la presencia de Dios en todas las cosas y la negación del bautismo.

Fue detenido en Ginebra, donde las iglesias seguían los dogmas de Juan Calvino, uno de los principales "enemigos" de Servet, quien fue atado a un poste y quemado vivo junto a su obra el 27 de octubre de 1553. En el grabado del artista Cristóbal van Sichem, El joven, se aprecia la escena de su muerte en la hoguera. Gran parte de su fama y reconocimiento posterior se dio por su trabajo sobre la circulación pulmonar descrita en su obra Christianismi Restitutio.

La renovación del método

. . .

De las ideas de Erasmo, en el siglo XVI nacen la corriente del iluminismo o alumbrados que renegaban de los rituales eclesiásticos, una franca provocación de Isabel de la Cruz o Pedro Ruiz de Alcaraz que solo recibieron un susto en 1529, sin ser condenados a muerte.

La protesta de Lutero evolucionó a convertirse en una auténtica revolución religiosa que sacudió a toda Europa. El papa Pablo III estaba furioso, pues esta nueva doctrina estremecía los cimientos de la Iglesia, por lo que hacía falta una renovación exhaustiva.

El 21 de julio de 1542, el papa Pablo III ordenó la primera Inquisición en suelo italiano en más de 200 años. Ese año se publicó la bula Licet ad initio, que se podría considerar el inicio de la Inquisición romana, la cual reorganizaba y adecuaba a las nuevas exigencias la vieja Inquisición medieval.

Ese año también Roma fue sacudida por la noticia de que Bernardino de Oquino, el líder de la admirablemente austera orden de los capuchinos, abandonaba Italia para unirse al protestantismo. La decepción de Oquino, una de las figuras más relevantes y admiradas en la Iglesia, finalmente fue de las cosas que incitaron al papa a tomar la decisión de imponer la Inquisición. La respuesta del papado a esta situación fue lo que se esperaba, un método más eficaz contra herejes para detenerlos antes de que se convirtieran en una amenaza.

Inquisidores generales

Una comisión de seis cardenales denominados Inquisidores Generales dirigirían el Santo Oficio, a diferencia de la Inquisición española, manejada por la corona.

La romana quedaba única y exclusivamente en manos del papa, quien reorganizaba los tribunales periféricos y coordinaba su actividad. Con independencia de lo que hiciera mal la Inquisición, no se puede decir que no fuera un error del papado.

Así que las instrucciones eran que podían proceder contra cualquier sospechoso de herejía y contaban con la facultad de pronunciar fallos judiciales o de pena capital. Tenían un aparato administrativo de colaboración el fiscal, notario y oficiales subalternos. Se podía nombrar inquisidores en el momento que se les considerara oportuno. Así se ejercía la autoridad por todo el territorio italiano.

. . .

Congregación de la Sagrada Romana y Universal Inquisición o Santo Oficio Alrededor del año 1550, las coronas de Dinamarca, Suecia, Finlandia y Noruega ya se habían acogido al protestantismo.

Para 1588, Sixto V reformó la curia romana y creó 15 secretarías de Estado, una de ellas era para la Inquisición, a la que se renombró Congregación de la Sagrada Romana y Universal Inquisición o Santo Oficio, más reconocido por estas últimas palabras.

El rigor de las penas variaba de acuerdo al mando papal, y aquí surge otra aportación: el papa inquisidor, que era una modalidad política de Roma en el siglo XVI; primero serán inquisidores y luego pontífices.

Casos de esta modalidad son los de los cardenales Pablo IV (1555-1559), Pío V (1566-1572) y Sixto V (1585-1590). Los inquisidores romanos deliberaban en privado y se conducían por una serie de instrucciones y códigos, suertes de manuales que regían sus actividades. Su referencia más notable fue el Directorium Inquisitorum de Nicolás Aymerich.

. . .

Como Italia estaba fragmentada en repúblicas y territorios importantes, con más poder que los estados vaticanos, tal es el caso de Venecia, el ducado de Toscana o Nápoles con su monarquía hispana no permitían la implementación inquisitorial romana, que tenía su poder en el Patrimonio de San Pedro, pues cada geografía defendía sus intereses particulares.

Hay que aclarar que la Inquisición romana tenía como objetivo fundamental perseguir el protestantismo, que se extendió hasta finales del siglo XVI. A pesar de sus sangrientos mandatos en términos de número de protestantes ejecutados, estudios recientes muestran que fue pionera en reformas judiciales que serían las predecesoras del sistema legal actual. Los prisioneros podían disponer de un abogado e incluso reunir gente que testificara a su favor.

Casi 300 años antes de que se inventara el abogado de oficio, la Inquisición romana ya proporcionaba abogados gratuitos a los acusados. Como mínimo, esta pretendía escuchar las explicaciones de los condenados, algo que los demás sistemas judiciales no contemplaban. La justicia civil era en ocasiones peor que la del Santo Oficio. Torturaban a los acusados de forma despiadada, los condenaban con más rapidez; los acusados no morían a causa de la tortura en el sistema inquisitorio, sí en cambio en los tribunales civiles, lo han dado a conocer historiadores.

En los estados papales nunca se prohibió la práctica del judaísmo, pero sí el protestantismo.

El sangriento ataque a los protestantes entre el año 1559 y 1562 también marcó el punto más álgido del auto de fe en términos de asistencia y suntuosidad.

Anticipándose a los juicos de cientos de protestantes herejes, el inquisidor general Fernando Valdez propuso modernizar el auto de fe. De forma grandilocuente, los costos aumentaron y llevaron al tribunal inquisitorial al quiebre económico, de modo que tuvieron que ir reduciendo la plantilla de miembros y empezaron a amontonar prisioneros para poder conseguir un auto de fe bueno y tener suficiente gente para quemar en las ceremonias.

España eliminó sistemáticamente a todos protestantes, pese a ello, los inquisidores permanecieron alertas ante cualquier amenaza hereje del exterior. A lo largo del siglo XVI, los viajeros que acudían a España incluso dignatarios extranjeros cayeron en las despiadadas manos de la

Inquisición, en este caso comerciantes y marineros extranjeros, en ocasiones incluso llegaron a torturarlos, pero eran protestantes y se les consideraba una presa fácil.

La "cacería" en Portugal

En Portugal, la persecución contra este colectivo fue exhaustiva hasta no dejar que se conformara una comunidad nutrida de protestantes. El caso que llamó la atención fue el de Damiáo de Gois, que sufrió varios procesos a lo largo de su vida por sus escritos. Era un intelectual consumado y amigo de Tomás Moro, Erasmo de Róterdam y Martín Lutero, los enemigos públicos de ese momento.

Gois fue acusado de intentar la destrucción de las bases de la religión debido a su conocimiento de los idiomas, incluido el latín, saber teología y por mantener contacto con los líderes protestantes. Fue condenado a prisión perpetua al confesar de forma voluntaria sus pecados.

Primero estuvo en el monasterio de Batalha, pero después se le mandó a prisión domiciliaria, donde el 30 de enero de 1574 apareció muerto, parcialmente calcinado, y aunque se sospechó de asesinato, nunca se investigó el caso.

El índice de libros prohibidos

Mientras que España y Roma parecían haber casi vencido al protestantismo, no pudieron hacer nada ante los efectos de otra de las invenciones alemanas: la imprenta. El ataque contra el protestantismo supuso mucho más que arrestos, castigos o quemas en la hoguera. En 1559, el Vaticano publicó su índice de libros prohibidos, Index Auctorum et Librorum Prohibitum (Índice de Autores y Libros Prohibidos), de gran difusión por todo el sistema católico gracias a la resolución de la decimoctava sesión del Concilio de Trento del 26 de febrero de 1562.

En este Index, que es la base de otros posteriores, se enlistaban cientos de libros y autores considerados peligrosos, blasfemos y provocadores para la fe y la moral de los buenos católicos. Cualquier ciudadano que poseyera uno de estos volúmenes podría ser arrestado.

. . .

Algunos escritores encontraron sus libros en este listado simplemente porque una o dos frases sueltas se habían considerado erróneas.

Tomás Moro, político inglés, que irónicamente fue decapitado por su lealtad a la Iglesia católica, también fue considerado un autor prohibido. En relación a ciertos fragmentos, el índice decía: "puedes leer este libro, pero debes saltarte este pasaje". Mucha gente famosa aparecía en este texto, por tanto, estaban vedados. Los historiadores cuestionan si dichos índices tuvieron un impacto real. Hay miles de títulos en cada Index, y aparte del grupo de inquisidores y de obispos, pocos sabían que no estaban permitidos.

Hacia finales del siglo XVI, libros y panfletos escritos por víctimas de la Inquisición española avivaron el negocio de forma importante, los líderes protestantes que aspiraban a poner el mundo en contra de España católica explotaron estos horribles relatos de tortura, encarcelamientos y muerte.

A partir del primer Índice de Libros Prohibidos publicado por Roma, la Inquisición española publicó el suyo en 1559, en que se incluyó una lista de 700 obras ilegales.

. . .

Especial viñeta merecen los místicos. Otro grupo perseguido en parte por sus visiones de contacto con Dios, y que plasmaron en libros, muchos de ellos presentes en ese documento.

Entre los sospechosos de herejía se cuentan (santa) Teresa de Jesús, quien fue investigada entre 1574 y 1575, y se censuró parte de su Libro de una vida, a solicitud de la princesa Éboli. San Juan de la Cruz fue encarcelado, san Francisco de Borja sufrió la prohibición de su libro Las obras del cristiano en 1559, lo mismo que fray Luis de Granada por Libro de la oración y meditación y Guía de pecadores.

Otro místico, fray Luis de León, estuvo en la cárcel por traducir el Cantar de los cantares a lengua vulgar. San Ignacio de Loyola, de 1526 a 1527, vivió el temor de la Inquisición, aunque solo con tres semanas de prisión.

De ellos, muchas de sus obras se leen en la actualidad por sus cualidades literarias y de una forma diferente de poetizar el tema místico.

Los clásicos prohibidos de Roma

. . .

Entre los libros prohibidos de Roma en este primer Índice de 1559 estaban prohibidos los libros de diversos alquimistas, desde luego los textos de Lutero y de todos los demás protestantes, el Corán, obras sobre anatomía, diversos catecismos, en especial alemanes, textos de autores latinos como la Germania de Tácito, la Monarchia de Dante, por supuesto las obras de Erasmo de Róterdam, de Miguel de Cessena o de Maquiavelo, entre otros muchos, que en la actualidad son esenciales y clásicos de la literatura universal.

Pese a ello, pronto Roma se volvió en contra de los mayores pensadores del Renacimiento. Estaban muy preocupados por el tema de las escrituras y parecía que había, entre otros, dos pensadores que las cuestionaban basándose en teorías muy controvertidas y "peligrosas" en ese entonces. Desde luego, en este índice estaban los siguientes autores, genios del pensamiento filosófico, científico y artístico.

Giordano Bruno, un excéntrico y rebelde

No hay duda de que la Inquisición romana tuvo un efecto represivo sobre las ideas intelectuales y científicas, y que destruyó la vida y los legados de algunos de los mayores pensadores del Renacimiento.

Giordano Bruno fue uno de los genios más excéntricos del siglo XVI. Con el nombre de Filippo Bruno nació en Nola, en el reino de Nápoles en 1548. En la universidad de dicho reino se comenzó a apasionar por el hermetismo, la magia y la cosmología. Cuando entró en 1565 a la orden dominica adoptó el nombre de Giordano en honor a Giordano Crispo, quien le había enseñado metafísica en su época estudiantil. En 1573 fue ordenado sacerdote y en 1575 obtuvo el doctorado en teología. En 1576 rompió sus votos al notar sus superiores el desvío de la doctrina religiosa. De espíritu viajero, recorrió toda Europa para esparcir sus conocimientos, cuestionados por los calvinistas, que el 6 de agosto de 1578 lo excomulgaron.

En 1580 se encontraba en las aulas de las universidades de París y Oxford, donde publicó sus primeras obras.

En 1589 sufrió su segunda excomunión, pero esta vez luterana, cuando se instaló en territorio protestante, en Helmstedt, Baja Sajonia, en 1589. Filósofo, medio loco, medio estrambótico, su visión del cosmos fue considerada inverosímil en su época, de hecho, se anticipó a la concepción actual del sistema solar. Bruno era un visionario, se consideraba a sí mismo casi una segunda reencarnación de Cristo. Aunque de hecho tenía sus dudas sobre la divinidad de Dios, pensamiento por el que fue acusado. Ambas, afrentas duras para los opuestos.

Y es que, en un periodo de tensión religiosa, pensadores como él significaban una amenaza enorme porque en realidad parecían desechar todos los pilares básicos que sustentaban el cristianismo. Durante 15 años, Bruno evitó con cautela la Inquisición romana manteniéndose alejado de Italia; sin embargo, en 1591, un rico mecenas llamado Giovanni Mocenigo lo convenció para viajar hasta Venecia y una vez ahí lo traicionó, denunciándolo ante el Santo Oficio con acusaciones asombrosas como que le gustaban las mujeres, que dudaba sobre la virginidad de María, que practicaba la magia y que ponía sus esperanzas sobre los herejes como Enrique IV de Francia o la reina Isabel de Inglaterra.

Al ser cuestionado, sus respuestas fueron desconcertantes para el inquisidor veneciano, quien cedió a Roma el caso, a donde Bruno llegó preso en 1593. Su encarcelamiento y juicio duraron ocho años durante los cuales el tribunal romano llegó a implorarle que abandonara sus creencias, pero él se negó. Bruno rechazaba, como Copérnico, que la Tierra fuera el centro del cosmos. 1610, Galileo había evitado ser juzgado y castigado por la Inquisición romana cuando aceptó dejar de enseñar sus rompedoras teorías planetarias.

Con todo, años después, alentado porque su viejo amigo y admirador, el cardenal Barberini, se convirtió en el papa Urbano VIII, el célebre científico publicó un manifiesto en el que reforzaba sus antiguas ideas. En esta ocasión el científico no calculó bien sus pasos, pues no solo produjo pánico en la Inquisición, sino que también provocó la ira de su antiguo aliado, el papa. Galileo fue acusado de herejía en enero de 1633.

Tras redactar sus últimas voluntades y su testamento, el astrónomo de 70 años viajó a Roma para enfrentarse a la Inquisición, donde le hicieron todo tipo de preguntas como "¿Por qué escribiste un libro como este que ha sido tachado de estar en contra de las escrituras?". Galileo siguió manteniendo su inocencia, lo que probablemente no fue una estrategia, dadas las circunstancias del juicio.

Después de tres meses de interrogatorio y presiones de sus amigos eclesiásticos y su propia hija, que era monja, así como de la Inquisición que amenazaba con torturarlo, por fin llegó a un acuerdo. A cambio de retirar las acusaciones más graves, el 30 de abril de 1633, ante el tribunal, Galileo admitió haber cometido un error y se declaró culpable de la ofensa menor que suponía haber defendido de forma pública las teorías de Copérnico.

El 22 de junio de 1633, en la basílica de Santa María Sopra Minerva, en el Campo de Marte, en una ceremonia pública celebrada en Roma, pronunciaron la sentencia, que era la prohibición de hablar del tema juzgado y de su libro. Es importante señalar que, si se hubiera negado a renunciar, podrían haberlo ejecutado, y el miedo siempre era latente en esos días de absoluta represión al pensamiento.

Después de haberse retractado, el papa lo sentenció a un castigo sin precedentes: volver a Florencia y permanecer confinado por el resto de su vida. El científico murió en silencio en 1642.

La leyenda afirma que justo después de pronunciar su promesa forzada, Galileo susurró a un amigo: "La Tierra se mueve a pesar de todo" (también se dice coloquialmente: "Sin embargo, se mueve"). En 1992, el Papa Juan Pablo II anunció oficialmente que la Iglesia se equivocó en 1633 al acusar al padre de la ciencia moderna de hereje.

. . .

Paolo Veronese y La última cena

Uno de los nombres más destacados de los perseguidos por la inquisición veneciana es el del pintor Paolo Veronese por su pintura La última cena (1573), pues frente a la imagen tradicional, Veronese pintó borrachos, soldados en uniforme, gente sangrante y cómicos. La forma de evitar mayores problemas fue cambiar el nombre al cuadro: Cena en casa de Leví, que se encuentra en la Galería de la Academia de Venecia.

Otros libros no recomendados

En España, en el siglo XVI, siguió la prohibición con el Índice de Quiroga de 1583, con 2 mil libros prohibidos; en el siglo XVII continuaron los índices como los de Sandoval y Rojas, de 1612-1614; el de Zapata, de 1628-1632; y los de Sotomayor, de 1640 y 1667. En el siglo XVIII se publicarán los tres últimos: 1707, 1747 y 1790.

En la época actual no se puede imaginar que libros como El Lazarillo de Tormes, Amadís de Gaula, La Celestina e incluso El Quijote, de Miguel de Cervantes, en algún breve apartado sufrieran el censor del Index.

. . .

La cultura se controlaba desde el momento en que se autorizaba o no la publicación de un libro. En 1605, los libreros debían hacer un inventario de las obras que vendían y estar atentos a las visitas de las autoridades, pero los libros prohibidos siguieron circulando en secreto.

En el Index romano la lista incluye autores inimaginables, clásicos de la literatura universal como Víctor Hugo, Balzac, Gabriele D'Annunzio, Émile Zola, Stendhal o Rabelais; los ilustrados franceses como Voltaire y Rousseau; matemáticos como Blas Pascal o filósofos como Kant. Como caso curioso, ni los vademécum escaparon de su lupa inquisitoria, como el Grand Dictionnaire Universel du XIX siécle, conocido como la Enciclopedia Larousse.

10

La Inquisición en México

Con la consumación de la conquista de México el 13 de agosto de 1521, luego de la caída cruenta de Tenochtitlan ante el embate de las tropas militares de Hernán Cortés, empezaba la dominación española. La Nueva España será el centro de las políticas de la corona, que traerá idiosincrasias, virreyes y, sobre todo, su poderío de miedo y terror en una tierra nueva y fértil para estas prácticas.

En efecto, la Santa Inquisición llegaba al nuevo mundo.

Luego de un tiempo, los primeros católicos en emigrar se alejaban de la ortodoxia ante la falta de liderazgo religioso.

La corona española delegó en 1517 las funciones de

inquisidores a los obispos que viajaron hasta estos territorios, para que pusieran esa maquinaria que les había dado resultados. Así, el rey solicitó al papa bulas que se adaptaran a las nacientes colonias americanas, por lo que, en 1521, León publicó la Alias felices, la que le daba libertad a los misioneros para aumentar la cantidad de cristianos y que se desaprobaran las doctrinas contrarias al clero.

En 1522, Adriano VI da a conocer la Exponin obis su perfeci situam, en la que declara, a instancias de Carlos 1, el derecho de todos los religiosos que llegaran a las Indias, en especial los franciscanos, y donde no hubiera obispo, que impusieran su autoridad civil y eclesiástica.

De tal forma surge la Inquisición monástica (1522-1532), al mando de franciscanos y dominicos, como un emulo de sus orígenes de hace 300 años.

Contra herejes, judíos, blasfemos o "pecaminosos"

A su llegada, las tropas españolas venían con religiosos católicos, por lo que no dudaban en ejercer su autoridad, puesto que tenían el aval para ejecutarla, tanto del inquisidor general de España como del obispo de la isla de San

Juan y del viceprovincial de los dominicos en las Indias, fray Pedro de Córdoba.

Existen registros, aunque no muy claros, de que en 1522 se dio un proceso por amancebamiento contra un indio de Acolhuacan y la expedición de dos edictos en 1523, uno contra herejes o judíos, y otro contra personas "pecaminosas".

Aunque el primer acto de fe que se tiene registrado en América se dio en ese mismo año, pero en Santo Domingo, cuya Audiencia fue el órgano superior y de alzada de todos los nuevos territorios, incluyendo la Nueva España, hasta la creación de la Audiencia de México en noviembre de 1527.

De este modo, los inquisidores de La Española juzgaron a Alonso de Escalante, el primer muerto del Santo Oficio del Nuevo Mundo.

En 1524 llegó el primer contingente de frailes misioneros, los franciscanos, a cargo de fray Martín de Valencia y fray Toribio de Benavente, mejor conocido como "Motolinía" (el fraile pobre); eran los "12 apóstoles", con experiencia "civilizadora" desde la "piedad y la humildad de sus hábitos" y gracias a su conocimiento de las lenguas nativas. Martín de Valencia ejerció la autoridad inquisitorial bajo los poderes del padre Córdoba o mediante la bula de Adrián VI, aunque sin casos registrados. A él se le considera el auténtico fundador de la Iglesia católica en México.

En 1526 llegaron los primeros dominicos a la Nueva España, encabezados por fray Tomás Ortiz, en quien recayó la autoridad inquisitorial, con su nombramiento de comisario hecho por la Audiencia de Santo Domingo, ante la suspensión de fray Pedro de Córdoba en beneficio de dicha audiencia.

En 1527, el padre Ortiz ya no ejerció tal cargo, pues tuvo que regresar a España. Entró fray Domingo de Betanzos, quien pronto se puso a trabajar con 19 procesos por blasfemia.

Además, reunió información sobre judaizantes, persecución que en la Nueva España estaba muy fuerte y en apogeo, desempeñándose como fiscal Sebastián de Arriaga y en ocasiones Rodrigo de Torres y fray Toribio de Motolinía como jueces.

. . .

Sin duda, los conversos españoles que emigraron a este continente en busca de un nuevo comienzo no pudieron escapar de la persecución de la Inquisición española, que los siguió de cerca y realizó investigaciones en la Nueva España.

El primer auto de fe en tierras mexicanas

Al año siguiente, 1528, De Betanzos cedió el cargo a fray Vicente de Santa María, quien llevó a cabo el primer auto de fe en tierras mexicanas, en donde fueron quemados dos españoles acusados de judaizantes: Hernando de Alonso y Francisco Gonzalo de Morales Regatón.

Al primero se complementa la información con cargos de bautizar a su hijo según el rito judío, impedir a su mujer embarazada asistir a misa o hacer burla del sacramento del bautismo católico, en un proceso desde luego ya aplicado con todos los referentes del Santo Oficio español, aunque se documentan irregularidades y tortura. Pero es en estos años que va a surgir una figura que es recordada por su inclemencia ante los pobladores indígenas.

La polémica sentencia de fray Juan de Zumárraga

. . .

Los siguientes tres años no se registran actividades inquisitoriales hasta que arribó el franciscano fray Juan de Zumárraga, quien nació en 1468 en la localidad de Durango, perteneciente al entonces Señorío de Vizcaya, parte de la corona de Castilla. Zumárraga ingresó a la orden franciscana, pasando al Scala Coeli en El Abrojo, cerca de Valladolid, en la provincia de la Concepción, donde fungió como padre guardián.

Un suceso fue decisivo en su vida en 1527, con 60 años de edad, cuando conoció a Carlos 1, quien acudió a unas sesiones de las Cortes Generales para alojarse en su convento con intención de pasar ahí la Semana Santa.

El emperador, al marcharse, le brindó una cuantiosa limosna a Zumárraga, que rechazó en un primer momento y luego, cuando se vio obligado a aceptarla, la destinó a los pobres.

Este encuentro también le valió a Zumárraga para ser nombrado visitador de Navarra y actuar en un proceso sobre brujería en compañía de Fray Andrés de Olmos. Así que a instancias de Carlos 1 fue nombrado en 1527 como el primer obispo de la nueva diócesis metropolitana de México. También inquisidor apostólico a partir de

1535 de parte del inquisidor general de España y arzobispo de Sevilla, don Alonso Manrique.

En la Nueva España, Zumárraga firmaría la primera sentencia en 1534, aunque ya se contaba con antecedentes de juzgamientos por blasfemia y bigamia.

Así pues, el 5 de junio de 1536 estableció el Santo Oficio de México en el Palacio Episcopal. Este espacio lo ocupaba para sus labores administrativas y además era un sitio de resguardo de prisioneros. Ahí nombró a inquisidores, fiscal y tesorero, y para que lo sustituyera, a su provisor Juan Rebollo.

De manera que empezó la etapa episcopal de la Inquisición novohispana, con año de conclusión en 1571, al erigirse el Tribunal del Santo Oficio de la Inquisición.

De los primeros juzgados destacan dos músicos que curiosamente se habían negado a tocar en la ceremonia de instalación del tribunal, por no habérseles pagado sus servicios por adelantado. Pero al comprobarse el desacato se les condenó a una multa de seis libras de cera blanca en beneficio de la catedral.

. . .

Los delitos comunes de blasfemia y bigamia continuaban contra, como era lógico y natural en la tarea de persecución en el nuevo mundo, españoles emigrados. Hay que tomar en cuenta que la bigamia entre los emigrados españoles fue motivo de constante preocupación no solo para la Iglesia, sino para los monarcas.

Carlos V prohibió en 1530 que se embarcaran personas casadas en España sin su esposa.

Solo los comerciantes podían permanecer tres años en las Indias, al término de los cuales debían volver por sus mujeres a la península ibérica. De esta etapa se conservan muchos archivos históricos.

Hasta donde se tiene conocimiento, la Inquisición episcopal fue muy estricta en estas materias. En la década de 1560 se dieron al menos 100 procesos en las diócesis de México, Oaxaca, Guadalajara, Yucatán y Guatemala. En cuanto a los delitos de herejía, en este periodo fueron contra cuatro luteranos y 10judaizantes; dos fueron absueltos. Pero va a haber algo que distinga a la gestión de Zumárraga en esta época, que sería el enjuiciamiento hacia indígenas.

. . .

Ometochtzin, nieto de Nezahualcóyotl, en el ojo inquisidor

La poligamia, la bigamia y el amancebamiento, la hechicería, la adivinación y la superstición se cuentan entre las causas más frecuentes de delitos entre indígenas. En cuanto a la blasfemia, es sorprendente apreciar que nunca la utilizaron de manera extensiva.

En ese tiempo incluso solo se dio un proceso por blasfemia de un indígena.

Hay que precisar que debido a que en muchas ocasiones las conversiones de los indios se realizaban de forma multitudinaria, era difícil que se les impartiera una doctrina amplia, más tratándose de la primera generación de cristianos que acababan de dejar sus tradiciones arraigadas, por lo cual, entre otras autoridades del clero, que se les quisiera someter a la jurisdicción del Tribunal de la Fe constituía un exceso.

Pero un escándalo mayor pondría bajo la lupa de la corona española a la Inquisición. El considerado cacique de Texcoco, don Carlos, nombre de bautismo Ometochtzin, nieto de Nezahualcóyotl, fue educado bajo el amparo de Hernán Cortés y se le otorgó la gestión y gobernación del pueblo que su abuelo y padre habían guiado como tlatoanis.

Pues bien, en 1539 se le acusó de herejía como idólatra al ofrecer sacrificios a los demonios y de burlas a la fe católica.

Desde luego, ante Zumárraga se le comprobó que no practicaba la religión católica ni que educaba a sus hijos bajo esa doctrina, además de que llevaba una vida licenciosa; aunque se ha llegado a documentar que en realidad fomentaba el alzamiento general de los naturales en contra del gobierno virreinal.

Es entonces cuando se da uno de los procesos más cuestionados de esa etapa. Ometochtzin, al no pedir misericordia ni confesarse, fue condenado a muerte. Y como mostró arrepentimiento antes de ser sometido, se le conmutó la pena de ser quemado vivo a cambio de la del garrote. Esto provocó consternación en la sociedad novohispana, no solo por tratarse de la primera pena de muerte sobre un indígena, sino por ser a un gobernante y sobre todo de un linaje reconocido de su pueblo.

. . .

Si bien Zumárraga trajo la primera imprenta al continente americano, cuando en 1539 llamó a Juan Cromberger para que montara una filial de su imprenta de Sevilla en una casa propiedad en Ciudad de México, haber puesto al cargo de esta a Juan Pablos y dar a conocer la primera obra editada, la Breve y más compendiosa doctrina cristiana en lengua mexicana y castellana, fueron aportes muy contrastantes de su labor despiadada como inquisidor y ser señalado en España por el juicio y muerte en la hoguera del nieto de Nezahualcóyotl.

El mismo asunto llegó a España y por ello se amonestó a Zumárraga, a tal grado que se negó a volver a condenar a indígenas, que muchos de ellos, desde luego, no llevaban en el seno de la Iglesia católica el tiempo suficiente como para entender de forma correcta los dogmas y doctrinas ajenos e incluso totalmente imperceptibles a su religión tradicional. Los indígenas aún tenían arraigadas sus viejas costumbres y les era complicado aprender la ortodoxia de la nueva religión a la que habían sido, en muchos de los casos, forzados a practicar.

Juan de Zumárraga murió en el lugar donde ejerció su fe el 3 de junio de 1548. Está sepultado en la cripta de los Arzobispos de la Catedral Metropolitana de la Ciudad de México.

. . .

Excepción para los indígenas

Esto a la larga llevó a levantar la autoridad de la Inquisición sobre los indígenas. Así, en 1570, cuando se constituyeron los tres tribunales del Santo Oficio en América se creó una excepción para las comunidades indígenas que quedaron fuera de la jurisdicción po ser cristianos nuevos sin ninguna relación anterior con la cristiandad y, por tanto, se consideró que habría que darles un tiempo para que se adecuaran por completo a su nueva religión y costumbres. Sin embargo, los obispos mantenían su dominio episcopal inquisitorial sobre los indígenas.

Cambios en el tribunal de la fe

Reprendido por la corona al tener que responder a un total de 34 acusaciones de abusos contra los indígenas, similares a los que él denunciaba, en 1543 concluyeron las labores de don Juan de Zumárraga como inquisidor, pues al año siguiente tal cargo lo ejercería el visitador Tello de Sandoval, quien era canónigo de Sevilla e inquisidor en Toledo, que traía la competencia inquisitorial no solo para la diócesis de México, sino sobre todo el virreinato de la Nueva España.

. . .

Sandoval tenía, además, el encargo de averiguar todo lo relativo a Ometochtzin y a la familia que este había dejado. El inquisidor permaneció en la Nueva España de 1544 a 1546, pero como ni él ni su secretario percibían alguna cantidad extra por sus servicios, solo documentó cinco causas, de las cuales tres fueron contra indígenas.

Luego de la partida del visitador, los arzobispos y obispos siguieron solo con facultades ordinarias, mientras que otros, por el contrario, se tornaron excesivamente rigurosos, como el obispo Landa, de Yucatán, otro caso de relevancia en la época novohispana.

El auto de fe de Maní, otro de los casos sonados

Aunque el segundo arzobispo de México, fray Alonso de Montúfar, llegó desde 1554, no fue sino hasta que partió de Tello de Sandoval, en 1556, cuando se hizo cargo del Tribunal de la Fe. Durante su pontificado sobresalió la lucha contra la herejía luterana, que encabezó el doctor Luis de Anguis, vicario del arzobispo Montútfar y espía del rey Felipe IL.

De esta época también se acentuaron los problemas con los piratas ingleses y franceses, por su filiación protestante.

De manera que, en América, el nuevo titular debió encarar un doble problema: por un lado, la difusión de textos prohibidos por la Iglesia; por otro, la llegada de protestantes que huían de Europa y que se instalarían en estos territorios.

Entre 1555 y 1565 se dieron dos concilios para tratar de regular la vida religiosa de la Colonia y combatir la propagación de ideas protestantes. En este periodo, el auto de fe de Maní es alusivo a cómo se estaba conformando esta estructura eclesiástica.

Diego de Landa, ante los idólatras y sacrificios humanos

A Mérida habían llegado noticias de que en la localidad de Maní se seguían celebrando ceremonias religiosas a los dioses mayas y que un niño había sido crucificado, el sincretismo religioso era la premisa. De esta forma, don Diego de Landa acudió para poner orden y mediante el uso de la bula Exponino bisfecisti asumió el cargo de inquisidor de la región.

Diego de Landa ya había estado en Yucatán, donde ocupó el cargo de definidor y custodio de la provincia en 1556, para años más tarde ser nombrado provincial franciscano del territorio en 1561. Entre sus labores se encontraban la de apuntar siempre a la conversión cristiana de los indígenas y la destrucción de los ídolos mayas. Y es que, en ese contexto, en Maní, los caciques indígenas todavía mandaban en la administración de su villa.

Pero aquí inicia otro proceso distinto, las inquietudes de Landa eran tantas que no podían pasar desapercibidas a su fe: en ese territorio maya aún había costumbres idólatras y sacrificios humanos.

Y lo más grave que consideraba el fraile eran las prácticas que se realizaban después de la conversión al cristianismo. Hasta que, en julio de 1562, Diego de Landa, con el apoyo de Diego Quijada, alcalde mayor de Mérida, ejercieron su autoridad civil y religiosa para primero aprender y de manera posterior encabezar un auto de fe en esa localidad, donde procesaron a más de 30 caciques y quemaron ídolos y códices, una pérdida irreparable para la cultura maya.

En agosto de ese año llegó el recién nombrado obispo franciscano de Yucatán, fray Francisco Toral, quien halló una diócesis revolucionada al extremo y con esa cuota de abuso de autoridad, en especial la de Maní. Landa fue acusado ante Felipe II para renunciar a su cargo el año siguiente y regresar a España; no obstante, fue exonerado y regresó a Mérida a ocupar el puesto que dejó Toral como obispo.

El tribunal del Santo Oficio de la Inquisición en México y Lima

Ya desde finales de 1560, la Santa Sede empezaba a cuestionar la labor evangelizadora en el Nuevo Mundo, pues en México, Perú y Santo Domingo (las tres sedes) había inestabilidad en los virreinatos, así como rebeliones en Brasil y Florida.

Como se tenía que afrontar el problema, Felipe II nombró una comisión especial en 1568, a la que denominó la Junta General, integrada por máximas autoridades civiles del reino y algunas eclesiásticas con el objetivo de analizar los problemas existentes y proponer soluciones.

Así se creó, el 16 de agosto de 1570, el Tribunal del Santo Oficio de la Inquisición en México y Lima. Don Diego Espinosa, inquisidor general de España, nombró al encargado de Murcia, Pedro Moya de Contreras, como primer inquisidor en México, a Pedro de los Ríos como notario del secreto y al licenciado Alonso de Cervantes como fiscal, quien murió en Cuba de camino a México.

. . .

La comitiva llegó el 12 de septiembre de 1571, y fueron recibidos, no con buenas formas, por el virrey Martín Enríquez de Almansa, quien les entregó, para que la ocuparan, la sede de unas casas de la acera oriente del templo y convento de Santo Domingo, en la plaza del mismo nombre de la Ciudad de México, terreno que utilizaría el tribunal de la Santa Inquisición hasta su extinción en 1820. Ahí, Pedro de Arieta construyó el edificio que hasta hoy día se conserva con su esplendorosa forma arquitectónica.

De acuerdo a investigadores, el 2 de noviembre de 1571 se emitió el discurso público de la Corona que los mandaba y para el domingo siguiente, día 4, se ofició la misa mayor con la lectura del respectivo edicto.

Los objetivos eran claros: que la ortodoxia católica se mantuviera desde México hasta Panamá, las islas del Pacífico y del Caribe.

Pedro Moya asumió el cargo de obispo en 1572 y fue en 1574 cuando presidió un gran auto de fe público en el Zócalo de la Ciudad de México, en el que fueron procesados judeoconversos, luteranos, hechiceros, herejes, brujas y polígamos, con un número cercano a los 100 penitentes, entre ellos miembros de la familia de Luis Carvajal, quien fuera gobernador de Nuevo León.

Rodrigo Ruiz de Cepeda da un panorama descriptivo de cómo se llevaban a cabo los autos de fe, que registró en su relación del Santo Oficio. Así se detalla que días antes, el inquisidor informaba al virrey la fecha del evento.

Después un receptor se encargaba de dar aviso al pueblo a través de pregones. Se instalaban las gradas con varios escenarios.

A la derecha se ubicaban las autoridades de la Iglesia y a la izquierda el Cabildo de la ciudad. La noche anterior se organizaba la procesión denominada la Cruz Verde, donde se elevaban oraciones por los prisioneros, a quienes se les conminaba a arrepentirse de sus pecados, para eso estaban los confesores.

Tras un largo proceso de preparación se les clasificaba según la falta, se les daban alimentos y se dirigían hacia el lugar en procesión. Sin duda este escenario ya era de miedo y pánico para los familiares que encabezaban el funesto desfile, y tras ellos los acusados y los soldados.

· · ·

A los reos se les situaba en tres paneles, en el superior se ubicaban los reconciliados, en el intermedio los que ameritaban un castigo por diversas penas, sin que ninguna fuera mortal, y en el inferior los que debían ser relajados. Ya para esas horas se congregaban miles de espectadores a presenciar el siniestro "espectáculo".

El juramento del virrey era el preámbulo al auto de fe, para después dar lectura por parte del secretario que leía el documento en defensa de la fe y enseguida se procedía a predicar un sermón a cargo del prior.

No es complicado imaginar la desesperación del acusado que debía esperar a ser llevado a una plaza contigua mientras aguardaba la hora del castigo. Parafernalia de terror en la imaginería de aquellos años, cuando los relajados iban atados a los burros con el resguardo de los verdugos: como fin último, el quemadero.

La referencia en la actualidad es la Alameda central de la CDMX. Los que abjuraban obtenían el perdón, pero no se salvaban de la quema. Las campanadas de la catedral anunciaban el fin del evento.

¿Cómo se integraban los tribunales?

. . .

No varió a los de España, donde estaban a la cabeza dos inquisidores con iguales poderes, un secretario y un fiscal, todos ellos escogidos en España para arribar a sus respectivos tribunales. Además de una variedad de oficiales subalternos, cargos ocupados por españoles y criollos. En los virreinatos había una red de comisarios religiosos y familiares que se encargaban de recoger todas las denuncias y recopilar la información pertinente de cada caso para después enviarla a la capital.

Los herejes en sus distintas tipologías también van a ser perseguidos: protestantes, que llegaban como piratas, brujas, hechiceros, bígamos. Es importante resaltar la persecución que sufrían los judíos de Portugal, en la etapa de Felipe II en 1580; no obstante, los conversos tenían la oportunidad de viajar a América para probar fortuna y tenían muy establecida su vocación de comerciantes.

Sin embargo, era complicado, pues aún seguían con sus prácticas tradicionales, lo que generó su disipación por el territorio. Llegaron incluso a desempeñar puestos importantes y de influencia en los estados de la Nueva España.

El índice mexicano de libros prohibidos

Es durante la etapa del arzobispo Montúfar que se le puso a trabajar en una modalidad que el Santo Oficio dominaba: la prohibición de libros. Entre los muchos conocidos que llegaban del viejo continente, así se presentaron investigaciones sobre dos libros publicados en México:

La Doctriita, en lengua romance, del anterior arzobispo, Zumárraga, inspirada en la Suma del doctor Constantino Ponce de la Fuente, quien había sido juzgado en la Inquisición de Sevilla, pues se había convertido al luteranismo; a pesar de todo, la Doctrina de Zumárraga llegó hasta Roma, en donde un Breve de Gregorio XIII de 1573 lo liberó y autorizó su lectura.

Más grave fue el examen de Diálogos de doctrina cristiana, obra escrita en tarasco por el franciscano francés residente en Michoacán, fray Matunno Cordero. La Suprema dio el veredicto final el 13 de marzo de 1576, para resolver que se retirara de la circulación la obra de Cordero, pues se consideró que contenía algunas proposiciones oscuras que podían dar lugar al escándalo.

La Inquisición, presente en el Nuevo Reino de León

Para finales del siglo XVI, el problema se trasladó a los judaizantes que procedían de Portugal, perseguidos por la Inquisición.

. . .

El caso más notable fue el de los Carvajal. En efecto, don Luis de Carvajal, "El Viejo" (denominado así para diferenciarlo de su sobrino Luis de Carvajal, "El Mozo"), originario de Mogodorio, Portugal, arribó a México a colonizar el norte.

Aunque la historia señala como fundador de Monterrey a Diego de Montemayor, Luis de Carvajal llegó primero a las tierras para fundar el Nuevo Reino de León, de donde incluso llegó a ser gobernador de 1580 a 1588, con la autorización de Felipe ll, al llevar 100 personas, entre las cuales venían parientes suyos, judíos y también portugueses.

Luis de Carvajal y su familia fueron acusados de practicar el judaísmo, y por esas creencias diferentes al catolicismo, la Santa Inquisición los apresó en 1590. Luis de Carvajal abjuró para ser condenado a seis años de destierro, pero murió en las cárceles de la Inquisición, antes de que cumpliera su condena, en 1591.

Aunque en 1590 en el auto de fe los Carvajal ya habían abjurado junto con don Luis, tras algunas penitencias fueron reconciliados, es decir, reintegrados a la Iglesia católica. Pero el terror de la Inquisición no los dejó en paz, pues regresaron a las prácticas religiosas de la ley de Moisés.

De manera que volvieron a caer en manos del tribunal de la Inquisición por ser falsos cristianos, "relapsos, impenitentes pertinaces", y fueron condenados a muerte. El 8 de diciembre de 1596, la mayoría de la familia de Luis de Carvajal, incluida su esposa Francisca y sus hijos Isabel, Catalina, Leonor y Luis, así como Manuel Díaz, Beatriz Enríquez, Diego Enríquez y Manuel de Lucena, un total de nueve personas fueron torturadas y quemadas en la hoguera en el Zócalo en la Ciudad de México.

Uno de sus sobrinos, Luis de Carvajal, "El Mozo", intentó suicidarse, saltando de una ventana para evitar la atroz tortura. A este auto de fe se le considera como el más grande que, además, fue el último de ese siglo XVI. Aquí ya el problema de la Inquisición de México se acentúa también con los judaizantes de origen portugués.

El caso de Luis de Carvajal, "El Mozo"

"Salvado, por el Señor, de terribles peligros, yo, Yosef Lumbroso" ... son las palabras del diario de Luis de Carvajal "El Mozo", que firma con otro nombre, y que muestra el horror ante la Inquisición, que descubrió que reincidió en la práctica judía, un crimen castigado con la muerte. Los tres pequeños diarios de Carvajal, sobrino de Luis de Carvajal "El Viejo", se mantuvieron durante siglos anexados al segundo proceso que el Tribunal del Santo Oficio implementó hasta que en 1932 fueron sustraídos ilegalmente del Archivo General de la Nación por Jacob Nachbin, profesor de origen judío proveniente de Chicago, Illinois, quien había sido invitado por la UNAM para impartir algunos cursos de verano.

A partir de esa fecha, y durante 84 años, nada se supo de ellos hasta que las autoridades mexicanas lo recuperaron. "El Mozo" fue acusado por tal "herejía" y murió en la hoguera el 8 de diciembre de 1596.

Las víctimas del Santo Oficio en el siglo XVI

Así, durante el siglo XVI se registraron en México cuatro grandes autos de fe: 1574, 1575, 1590 y 1596, este último el más importante de todos, por lo cual se le llamó el "auto de fe grande"; además, se dieron otros de menor importancia y algunos otros irrelevantes.

El primer procesado por el tribunal fue un pirata francés llamado Pedro Sanfray, que salió en el auto de fe del 28 de febrero de 1574, asunto acorde con el viejo mundo, donde se atacaba a piratas ingleses y franceses, en su mayoría acusados de luteranos. José Luis Soberanes, en su ensayo "La inquisición en México durante el siglo XVI", para la Revista de la Inquisición, menciona que, en el siglo XVI, el Santo Oficio, "en sus diversas formas, entre 1522 y 1600, conoció de 1488 causas: 259 fueron por blasfemia, 19 amancebados, 246 bígamos, 107 herejes, 84 judaizantes, 15 idólatras, 64 por magia y hechicería, 45 solicitantes, 247 proposiciones heréticas, 16 por superstición, 109 por pronunciar palabras contra la fe, escandalosas y malsonantes y 277 por diversas causas; es conveniente destacar que, de todas ellas, 17 fueron relajados al brazo secular durante estos 78 años del siglo XV de inquisición en México". De acuerdo al cronista Luis González Obregón, el Santo Oficio había condenado a muerte a 51 prisioneros.

El Tribunal de la Nueva España, al igual que en la península ibérica tuvo fechas de cierre distintas, la primera en 1812, otra en 1813 y la que le puso la clausura definitiva en 1820, ya en los años de la Independencia.

11

El ocaso de la Inquisición en Europa

El siglo XVIII fue un periodo de declive para todas las inquisiciones. En España, aparte de la necesidad de erradicar a los conversos de practicar secretamente el judaísmo, la Inquisición se centró en la persecución de comportamientos personales inaceptables, por ejemplo, la sodomía, la bigamia y el adulterio, así como los crímenes del clero.

Las ceremonias de castigos, los autos de fe, siguieron celebrándose de forma esporádica. Ya para el siglo XVIII, en la época de Felipe V, están documentados 728 autos de fe con miles de víctimas en todos los tribunales, y ya para la segunda mitad del siglo, durante los reinados de Carlos III y Carlos IV, solo 10 personas fueron condenadas, cuatro de ellas se enviaron a la hoguera y 56 a realizar penitencia pública.

. . .

Los propios españoles comenzaron a ver la Inquisición como un instrumento anticuado, y a partir del año 1730 desapareció por completo ante los ideales y las reformas de la masonería, los ilustrados y después de 1789 de las ideas revolucionarias francesas.

La Inquisición se enfrentaba a un conflicto en España, cuando los partidarios de las casas de Habsburgo se confrontaban a la dinastía francesa de los Borbones, en la llamada Guerra de Sucesión española, los bandos usaban la Inquisición para mediar intereses personales.

Pero la victoria de Felipe V, sobrino nieto del último rey de la dinastía de los Austrias, llevó ideas francesas nuevas a España, entre ellas las innovadoras doctrinas regalistas de preeminencia del poder y jurisdicción real frente a otras instituciones, por supuesto, entre ellas, la Iglesia. En pocas palabras, las monarquías ibéricas sometieron a la Iglesia al poder estatal.

En Portugal también se dio este caso con la consigna de que todo quedaba en propiedad de la nación, tras las gestiones religiosas del marqués de Pombal, quien nombró a su propio hermano, el cardenal Paulo Antonio de Carvalho e Mendoca como presidente del Consejo del Santo Oficio.

Este sería parte de una de las tantas secretarías del gobierno bajo su gestión. Portugal empezó a desmantelar su oficina de la Inquisición. En 1774, los nuevos regimientos del cardenal Cunha culminaron la política del marqués. Alrededor de 1791, se registró el último auto de fe en carácter secreto y las distinciones entre cristianos viejos y cristianos nuevos se eliminaron de las leyes portuguesas.

Conflictos entre la Iglesia y el Estado

En España, los privilegios eclesiásticos fueron cuestionados cuando se dieron conflictos entre la Iglesia y los poderes del Estado.

En la disputa del Santo Oficio y el cabildo catedralicio de Granada, sobre los límites jurisdiccionales entre ambos, el ministro de Gracia y Justicia, Gaspar Melchor de Jovellanos, tuvo que intervenir y tras recabar los dictámenes redactó una Representación a Carlos IV sobre lo que era el Tribunal de la Inquisición (1798), que es la base sobre la que se sustentaba la extinción de la Inquisición, pues ya no había peligro de los judaizantes, los tiempos traían cambios y habría que adaptarse, pero este intento no dio frutos ni con su sucesor Mariano Luis de Urquijo.

En 1789 en París cayeron los Borbones y en Europa se preparaban ante las ideas revolucionarias francesas. En España, el conde de Floridablanca, secretario de Estado, solicitó ayuda del Santo Oficio ante la expansión de las ideas francesas, lo cual ya era imposible, pues los intelectuales e integrantes de la comunidad tenían acceso a lo que venía del otro lado de la frontera.

De una u otra manera llegaban los libros como contrabando.

Sin embargo, son los últimos resquicios del ataque a quienes tuvieran ideas de ilustrados como Diderot, Voltaire o Rousseau, como el caso de Pablo de Olavide, quien fue puesto bajo la Santa Inquisición, pero ya no eran aquellas penas estruendosas, y dentro de los males, el menor, solo se le condenó al destierro de Madrid.

El ataque a los masones

. . .

La masonería fue otro de los efectos que causó preocupación en las autoridades del Santo Oficio. En 1717 se formó una sola asociación masónica en Londres, donde se juntaron cuatro logias, modelo que se extendió por Europa y en España llegó en 1720 con ingleses que llevaron esas ideas. En España, la primera logia se fundó en 1728 y en Portugal un año antes.

Y los ataques a masones españoles y portugueses por parte de Clemente XII son evidentes mediante una bula que les prohibía las asambleas, la participación de católicos en la masonería y el arresto de sus integrantes para ser juzgados en el Santo Oficio.

Todos los países siguieron ese esquema y hubo muchos procesados. Fernando VI decretó la prohibición en 1751. Quedaron pocos antes de la llegada de un cambio que sellaría a este país.

El final se acerca

Pero fue necesario que el ejército de Napoleón invadiera España e Italia para acabar en definitiva con la Inquisición. Algunas de las primeras acciones del régimen francés al entrar a Madrid en 1808 fueron abolir la Inquisición, confiscar todas sus propiedades y llevarse todos los archivos que encontraron. Napoleón fue incluso más lejos en Roma, donde no solo confiscó los archivos, sino que se llevó prisionero al Papa.

El 4 de diciembre, en persona, Napoleón decretó la abolición de la Inquisición. Al quitar innumerables bienes, para muchos esto significaba una forma recaudatoria para dotar a su hermano José de recursos económicos cuando asumiera el trono, que duró de 1808 a 1812.

Luego de varios procesos, entre los que se oponían a su desaparición y quienes no la querían, se convirtió en una problemática, pero tras las Cortes de Cádiz, el 8 de diciembre de 1812, se empezó a aclarar el panorama cuando se proponía la supresión definitiva del Santo Oficio sin poner en cuestión la unidad católica de España.

El 5 de febrero de 1813 se decretó la abolición de la Inquisición y el establecimiento de los protectores de la fe. Poco duró el gusto. Con la vuelta del absolutismo a España en 1815 y el desconocimiento que hizo Fernando VII de las Cortes y de la Constitución de Cádiz, el viejo tribunal fue restablecido y sus pobladores padecieron cinco años más las injusticias de la temida institución.

· · ·

Ahora la fe se sustituía por políticos en las lúgubres cárceles. En 1820, España adoptó de nuevo el liberalismo constitucional y la Inquisición tenía contados sus días, para quedar "abolida" el 31 de mayo de ese año, pero no sería tan fácil.

No obstante, con la restauración borbónica de Fernando VII, regresó disminuida, aunque con su solo nombre generaba pavor. Esta especial ocasión era para atacar a las sectas anticatólicas que se introdujeron durante la guerra de independencia y por los masones franceses que llegaron con Napoleón. Portugal estaba bajo el dominio inglés y la Inquisición ya expiraba.

En el Trienio liberal de 1820 a 1823 fue de nuevo suprimida para volver no con la misma fuerza en la Década Ominosa, pese a ello, a Cayetano Ripoll se le condenó a la horca por hereje. Ripoll era un maestro catalán liberal, quien pagó cara su costumbre de no llevar a sus alumnos a misa y le cayó la pesadilla inquisitorial. Fue la última víctima de este sistema que con la muerte de Fernando VII en 1833 quedó puesta en tela de juicio.

En el inicio del reinado de Isabel II fue la viuda María Cristina de Borbón quien por decreto real puso fin a las actividades de la Santa Inquisición española que nació en

1478 y que durante tres siglos y medio afectó, mató y martirizó a muchos españoles en nombre de Dios.

En cuanto a Roma, en 1814, cuando el imperio napoleónico se derrumbó y el papa Pío VII regresó sano y salvo, la Inquisición quedó debilitada tras un periodo de revueltas. Continuó ejerciéndose teóricamente, mas no en la práctica, durante los siguientes 150 años.

La leyenda negra española

La leyenda negra es un término utilizado por aquellos autores que consideran la existencia de una imagen fantaseada o exagerada de la Inquisición española como compendio del terror y la barbarie humana. La propaganda antiespañola surgió en Italia a través de acontecimientos como el Saco de Roma de 1527, el aplastante dominio español en Italia o la presencia de una importante comunidad judía expatriada tras 1492.

Esta crítica la hacían franceses, ingleses y holandeses, que daban su lectura de los sucesos importantes en territorios de la monarquía hispánica, pero los exageraban con cuotas de sangre, cuando era el acoso, y la propagaban como "publicidad" antiespañola. Entre los tópicos: represión y la intolerancia religiosa y política.

La leyenda negra inquisitorial tuvo ecos en la crueldad y fanatismo en autores populares del siglo XIX que ficcionaron este periodo con historias que no están documentadas, como el que desalmados inquisidores no vacilaban en "arrojar a la hoguera las muchachas cuyo honor gravemente habían violado para borrar su crimen", así lo señala Juan Eslava Galán en Historias de la Inquisición. Parte de la leyenda negra que aún suscita comentarios, pero ¿qué país no tiene sus propias historias imaginarias y oscuras?

Conclusión: La Inquisición en la actualidad

Desde el drama teatral ambientado en el siglo XV de Torquemada (1882), de Víctor Hugo, a Edgar Allan Poe con El pozo y el péndulo (1843) o Eugeni Zamyatin en Las hogueras de Santo Domingo (1922) hasta Hermann Kesten con su novela Fernando e Isabel (1936) y Stefan Andres con El Greco pinta al Gran Inquisidor (1936), son autores que con sus obras se han detenido a abordar este tema, con intriga desde el punto de vista de los personajes y todos los horrores que se experimentan en momentos límite de su existencia para adentrarse en ese mundo de ambientes oscuros y desgarrados, desde luego con el trasfondo de crítica a los temibles pasajes.

Los templarios son un tema de sagas completas incluso, pero de Otto Rahn, Cruzada contra el Grial: La tragedia del catarismo, de 1933, es digna de destacar. El nombre de la rosa (1980), de Umberto Eco, y El hereje (1998), de Miguel Delibes, son dos grandes novelas que aportan sus perspectivas al tema.

La novela El inquisidor, de Héctor Zagal, ambienta la trama en la época del Santo Oficio en la Nueva España. En el cine, El nombre de la rosa fue una gran adaptación de Jean-Jacques Annaud (1986) para detenerse en el drama Las brujas de Salem, de Joseph Sargent (2002).

Akelarre, del español Pedro Olea (1984), aborda el tema de las brujas Zugarramurdi.

www.ingramcontent.com/pod-product-compliance
Lightning Source LLC
Chambersburg PA
CBHW072016070526
44583CB00015B/1508